Curso de gramática Langenscheidt

Espanhol

Leonardo Paredes Pernía

Tradução
Saulo Krieger

L

Langenscheidt

martins fontes
selo martins

© 2017 Martins Editora Livraria Ltda., São Paulo, para a presente edição.
© 2012 by Langenscheidt GmbH & Co. KG, München
Esta obra foi originalmente publicada em alemão sob o título
Langenscheidt Kurzgrammatik – Spanisch.

Publisher	*Evandro Mendonça Martins Fontes*
Coordenação editorial	*Vanessa Faleck*
Produção editorial	*Susana Leal*
Capa	*Douglas Yoshida*
Preparação	*Lucas Torrisi*
Revisão	*Renata Sangeon*
	Júlia Ciasca

1ª edição dezembro de 2017 | **Fonte** Helvetica Neue LT Std
Papel Offset 90 g/m² | **Impressão e acabamento** Corprint Gráfica e Editora Ltda

**Dados Internacionais de Catalogação na Publicação (CIP)
(Câmara Brasileira do Livro, SP, Brasil)**

Pernía, Leonardo Paredes
 Curso de gramática Langenscheidt : espanhol/
Leonardo Paredes Pernía ; tradução Saulo Krieger. –
São Paulo : Martins Fontes - selo Martins, 2017.

 Título original: Langenscheidt Kurzgrammatik :
Spanisch
 ISBN 978-85-8063-325-2

 1. Espanhol - Estudo e ensino 2. Espanhol -
Gramática - 3. Espanhol - Vocabulários, glossários
etc. - Português I. Título.

17-04173   CDD-465

Índices para catálogo sistemático:
1. Espanhol : Gramática : Linguística 465

Todos os direitos desta edição reservados à
Martins Editora Livraria Ltda.
Av. Doutor Arnaldo, 2076
01255-000 São Paulo/SP Brasil
Tel: (11) 3116 0000
info@emartinsfontes.com.br
www.emartinsfontes.com.br

Prefácio

Com nosso **Curso de Gramática – Espanhol**, oferecemos um pacote abrangente e despreocupado para que você tenha uma rápida visão de conjunto: com teste para aferição de nível no início e um método de aprendizado rápido, você chegará a seu objetivo com facilidade e rapidez!

De início, você vai encontrar o teste para aferição de nível, destinado a verificar seu estágio na língua. No final, você poderá repeti-lo para verificar seu progresso. Com as resoluções, você também receberá recomendações para melhorar seu conhecimento do idioma. Para facilitar o acesso à gramática espanhola desde o início, recomendamos ainda **Dicas e macetes** para o aprendizado da gramática.

A construção do capítulo segue uma estrutura clara: em primeiro lugar, você é apresentado às formas, e então seu uso é elucidado com exemplos, sempre com a respectiva tradução. O uso de cores e uma série de símbolos autoexplicativos irão ajudá-lo a se orientar no interior de cada capítulo.

Você deve utilizar o método de aprendizagem rápida para ter uma visão geral e memorizar com ainda mais facilidade: uma vez apresentados os temas essenciais, as páginas azuis **Olhando de perto** 🔍 trazem as regras mais importantes, outros exemplos e os erros mais comuns.

As **Indicações de nível** (**A1**, **A2**, **B1**, **B2**) estão por todo o livro. Elas revelam os temas de gramática e as regras relevantes para o seu nível de aprendizado. Os níveis não estão relacionados apenas ao capítulo de gramática, mas também ao vocabulário utilizado nas sentenças dos exemplos. Desse modo, você também terá mais certeza de que deverá conhecer tal vocabulário.

Na prática, isso significa que, se um capítulo de gramática está classificado, por exemplo, como estágio **A1**, todo o vocabulário ali empregado será A1, mas há a possibilidade de serem contemplados em outro estágio, por exemplo, **A2** (nesse caso, a indicação do estágio aparecerá logo na frente da respectiva palavra ou sentença). Você deverá ter domínio de todas as regras gramaticais do capítulo, a não ser que uma indicação de nível à margem apareça indicando que a regra em questão é especificada em um nível mais elevado, por exemplo, **B1**.

Apresentamos uma breve elucidação sobre o Quadro de Referência Europeu de estágios de conhecimento:

A1/A2: *Uso de expressões elementares, isto é:*
A1: Você pode entender e empregar algumas palavras e sentenças bastante simples.
A2: Você é capaz de lidar com situações de conversa do cotidiano e compreender ou mesmo redigir textos curtos.

B1/B2: *Uso de linguagem autoevidente, isto é:*
B1: Você pode entender e se fazer entender perfeitamente, por escrito e oralmente, em situações do cotidiano, viagens e no ambiente profissional.
B2: Você dispõe ativamente de um amplo repertório de estruturas gramaticais e expressões idiomáticas, e, em conversas com nativos da língua, já poderá se valer de nuances estilísticas.

Prefácio

Para verificar o êxito de seu aprendizado de maneira ainda melhor, ao final do livro você encontrará testes para cada um dos capítulos de gramática. Assim, será capaz de especificar de maneira bastante precisa onde estão os seus pontos fracos e quais capítulos de gramática devem ser revistos, bem como identificar os pontos em que já demonstra um bom desempenho.

Agora, desejamos a você um ótimo proveito e sucesso em seu aprendizado de espanhol!

Redação Langenscheidt

Símbolos

❶ informações sobre singularidades do espanhol
☼ sentença
⇐ contraposição do uso da língua espanhola oral e escrita
⚡ cuidado, erro muito comum!
❶ trata-se de uma exceção!
L! dica de aprendizado
✚ ajuda
G regra básica
▶ remete a temas gramaticais correlacionados.

Sumário

Símbolos – *Abreviaturas* 9
Testes de nível – *Tests de nivel* 10
Dicas e macetes – *Consejos y trucos* 18

1 Artigo – *El artículo* **25**
   1.1   Artigo definido – *El artículo determinado* 25
   1.2   Artigo indefinido –
           El artículo indeterminado 27

2 Substantivo – *El sustantivo* **28**
   2.1   Gênero – *El género* 28
   2.2   Plural – *El plural* 30

Olhando de perto: 1 – 2 .... **32**

3 Adjetivo – *El adjetivo* **34**
   3.1   Gênero – *El género* 34
   3.2   Plural – *El plural* 35
   3.3   Concordância nominal –
           La concordancia del adjetivo 36
   3.4   Posição do adjetivo –
           La posición del adjetivo 37

4 Advérbio – *El adjetivo* **39**

5 Comparação – *La comparación* **42**
   5.1   Comparativo – *El comparativo* 42
   5.2   Superlativo – *El superlativo* 43

Olhando de perto: 3 – 5 .... **45**

6 Pronome – *El pronombre* **47**
   6.1   Pronomes pessoais – *El pronombre personal* 47
   6.2   Pronome possessivo – *El pronombre posesivo* ... 51

Sumário

- 6.3 Pronome demonstrativo – El pronombre demonstrativo 53
- 6.4 Pronome relativo – El pronombre relativo 54
- 6.5 Pronome indefinido – El pronombre indefinido 55
- 6.6 Pronome interrogativo – El pronombre interrogativo 57

🔍 **Olhando de perto: 6** 59

7 Verbo – El verbo 63
- 7.1 Verbos "ser", "estar" e "haver" – Los verbos "ser", "estar" y "hay" 63
- 7.2 Verbo modal e auxiliar – El verbo modal y el auxiliar 65
- 7.3 Verbo reflexivo – El verbo reflexivo 66
- 7.4 Formas impessoais – Las formas impersonales 67

🔍 **Olhando de perto: 7** 69

8 Indicativo – El indicativo 71
- 8.1 Presente do indicativo – El presente 71
- 8.2 Passado – El pasado 74
- 8.2.1 Perfeito – El perfecto 74
- 8.2.2 Indefinido (passado histórico) – El indefinido 75
- 8.2.3 Imperfeito – El imperfecto 79
- 8.2.4 Mais-que-perfeito – El pluscuamperfecto 81
- 8.3 Futuro – El futuro 82
- 8.3.1 Futuro simples – El futuro simple 82
- 8.3.2 Futuro composto – El futuro compuesto 83
- 8.4 Condicional – El condicional................................. 84
- 8.4.1 Condicional simples – El condicional simple 84
- 8.4.2 Condicional perfeito – El condicional compuesto ... 86

🔍 **Olhando de perto: 8** 87

Sumário

9 Subjuntivo – El subjuntivo 91
   9.1   Presente do subjuntivo –
           El presente de subjuntivo 91
   9.2   Passado do subjuntivo –
           El subjuntivo en el pasado 92
   9.2.1 Imperfeito do subjuntivo –
           El imperfecto de subjuntivo 92
   9.2.2 Perfeito do subjuntivo –
           El perfecto de subjuntivo 92
   9.2.3 Mais-que-perfeito do subjuntivo –
           El pluscuamperfecto de subjuntivo 92
   9.3   Uso do subjuntivo –
           El uso del subjuntivo 93

Olhando de perto: 9 97

10 Imperativo – El imperativo 99

11 Infinitivo – El infinitivo 101

12 Particípio – El participio 102

13 Gerúndio – El gerundio 103

14 Voz passiva – La voz pasiva 105

Olhando de perto: 10 – 14 107

15 Preposição – La preposición 109

16 Conjunção – La conjunción 114
   16.1   Conjunção coordenativa –
           La conjunción coordinante 114
   16.2   Conjunção subordinativa –
           La conjunción subordinante 114
   16.3   Outras conjunções – Otras conjunciones 115

Sumário

17 **Posição dos termos na oração –**
El orden de las palabras en la oración **118**

    17.1 Enunciado afirmativo –
           La oración afirmativa 118

    17.2 Oração interrogativa definida –
           La oración interrogativa 119

    17.2.1 Interrogação em sentido pleno –
           La oración interrogativa general 119

    17.2.2 Interrogação parcial –
           La oración interrogativa parcial 120

🔍 **Olhando de perto: 15 – 17** **121**

18 **Negação – La negación** **123**

    18.1 Negação simples –
           La negación simple 123

    18.2 Dupla negação –
           La negación doble 123

19 **Discurso indireto – El discurso indirecto** **125**

Testes – Tests 127
Respostas – Soluciones 138
Respostas dos testes de nível –
Soluciones de los tests de nivel 141

Teste de nível A1

Para cada resposta correta, insira um ponto no quadrado ao final da linha e some os pontos ao final. No anexo, você encontrará a avaliação e recomendações para aperfeiçoamento.

1 Artigo
Em qual sentença o artigo está empregado corretamente? Assinale como correto (✓) e incorreto (✗).

a. ☐ Los lunes voy a nadar. ☐

b. ☐ Voy a México en el marzo. ☐

c. ☐ El señor Marín no está en la oficina. ☐

☐

2 Substantivo
Escreva a forma plural dos substantivos.

a. café .... ☐

b. papel .... ☐

c. flor .... ☐

☐

3 Adjetivo
Complete as sentenças a seguir com a forma adequada do adjetivo: azul, caro, menor.

a. Este es mi hijo .... ☐

b. Me regalaron una camisa y un pantalón .... ☐

c. Esas revistas son muy .... ☐

☐

Testes de nível

4 Pronome pessoal
Introduza o pronome pessoal adequado em cada lacuna.

a. A mí no .... gustan .... los huevos.

b. ¿ .... ha .... llamado alguien a mí?

c. .... lo .... regalaré para vuestro cumpleaños.

5 Os verbos ser/estar/hay
Complete com: están, es, hay

a. Las hojas .... encima de la mesa.

b. En el frigorífico no .... fruta.

c. La puerta .... de cristal.

6 Presente
Traduza as sentenças abaixo para o espanhol.

a. Como se chama seu pai?

   ....

b. Você sabe falar chinês?

   ....

c. Minha filha tem 21 anos.

   ....

Pontuação total

Teste de nível A2

1) Substantivo
Assinale com (✓) a oração em que o plural estiver correto e com (✗) aquela em que o plural estiver incorreto.

a. ▪ ¿Has apagado las luzes? ☐
b. ▪ Los vierneses voy a la piscina. ☐
c. ▪ Me gustan mucho los jerseys de lana. ☐

2) Comparação
Escreva a forma comparativa adequada.

a. Él habla francés. Su mujer habla francés y inglés.

.... ☐

b. La revista cuesta 3 euros. El periódico cuesta 2 euros.

.... ☐

3) Pronome pessoal
Responda às perguntas a seguir substituindo as partes das sentenças em destaque por pronomes pessoais.

a. ¿Ha venido tu novia contigo?

Sí, ... ha venido .... ☐

b. ¿Le has llevado los regalos a Carlota?

Sí, ... he llevado. ☐

Testes de nível

4 Advérbio
Complete as sentenças com: nunca, muy, mucho.

a. Ese viaje es .... caro.

b. Estoy cansado porque he trabajado ....

c. No he estado .... en América Latina.

5 Indefinido
Complete as sentenças com a forma indefinida dos verbos entre parênteses.

a. Anoche tú no (cenar) .... en casa.

b. ¿A qué hora (volver) vosotras .... del cine?

c. El año pasado nosotros (estar) .... en Perú.

6 Perfeito, indefinido ou imperfeito?
Complete as sentenças com a forma verbal adequada de: quedarse, visitar, ir.

a. De pequeña .... a menudo al campo.

b. Ayer .... en casa todo el día.

c. Este año .... dos veces a nuestra familia.

Pontuação total

Teste de nível B1

1 Pronome relativo
Escolha o pronome relativo correto.

a. Estos son los señores con quienes / los quienes he hablado.

b. Los que / Que quieran, pueden entrar ya.

c. La casa cuyo / cuya salón me gusta es muy cara.

2 Indefinido
Complete com a forma indefinida dos verbos indicados entre parênteses.

a. ¿(Oír, tú) .... algo de lo que decían?

b. No (traer) .... los CD porque se nos olvidaron.

c. Ayer (almorzar, yo) .... en el bar.

3 Subjuntivo presente
Responda às perguntas com o subjuntivo presente.

a. ¿Estará Marisa en casa?

   No, no creo que ....

b. ¿Hablaréis mañana con el jefe?

   No, no creo que mañana ....

c. ¿Él va a venir a la fiesta?

   No, no creo que ....

Testes de nível

4 Imperativo
As sentenças abaixo estão corretas (✓) ou incorretas (✗)?

a. ▪ Vienen conmigo, por favor. ☐

b. ▪ No pregúntaselo a él. ☐

c. ▪ ¡No llegues tarde! ☐

☐

5 Objeto direto
Complete as sentenças, onde for necessário, com a preposição a.

a. ¿Has visto .... la secretaria? ☐

b. Se busca .... secretaria bilingüe. ☐

c. ¿Has encontrado .... algo interesante? ☐

☐

6 Conjunção casual ou temporal
Ligue os termos para formar sentenças completas.

a. Llama a la puerta   pues   me avisaron. ☐

b. No he salido   hasta que   hace frío. ☐

c. Esperé   cuando   entrar. ☐

☐

Pontuação total ☐

Teste de nível B2

① Adjetivo
Insira os adjetivos na posição correta.

a. (triste) No ha estudiado y ahora es un .... empleado ....

b. (grande) Esa es una .... noticia .... Me alegro mucho.

c. (solo) No había casi nadie y al final no quedó más que un .... oyente ....

② Subjuntivo
Complete as sentenças com a forma subjuntiva adequada dos verbos entre parênteses.

a. Te deseo que (tener) .... suerte en tu próximo viaje.

b. Me extraña que ella no (poner) .... la calefacción con el frío que hacía anoche.

c. Es raro que el tren no (llegar) .... aún, ya tenía que estar aquí hace rato.

③ O subjuntivo e as orações subordinadas
As sentenças a seguir são corretas (✓) ou incorretas (✗)?

a. ▦ Nos encanta que vayamos al cine.

b. ▦ Es evidente que no sepa qué hacer.

c. ▦ Ha dicho que vuelvas pronto.

Testes de nível

4. O subjuntivo em sentença temporal
Escolha a forma verbal correta.

a. Me acostaré en cuanto termino / termine de cenar.

b. Te lo conté cuando me enteré / enterara.

5. O subjuntivo em sentença condicional
Complete as sentenças condicionais.

a. Os lo cuento con tal de que no (decir)

   .... nada.

b. Habría hecho un viaje si no (tener)

   .... que trabajar.

c. Llámame en caso de que (necesitar)

   .... algo.

6. O subjuntivo em sentença relativa
Forme sentenças ligando as partes adequadas.

a. Conozco un dentista que — sepa más de música.

b. No hay nadie que — sea muy barato.

c. Estoy buscando un hotel que — es muy bueno.

Pontuação total

Dicas e macetes: aprenda gramática de uma maneira bem fácil

Você não sente inveja de certas crianças, que aprendem uma língua de maneira casual sem se preocupar com regras gramaticais maçantes ou construções equivocadas? Para nós, realmente não é possível se acercar da gramática de maneira tão despreocupada, mas, mesmo assim, aprender uma língua e, sobretudo, a sua gramática não precisa ser necessariamente um exercício inflexível e decorado, enfim, um trato monótono com regras empoladas. Para facilitar o acesso à gramática, apresentamos algumas dicas e macetes práticos para o seu aprendizado.

!̣ A lei da regularidade
A gramática é como um esporte. Quem só treina a cada ano bissexto jamais será um maratonista. É mais razoável aprender continuamente e aos poucos do que aprender muito conteúdo e com pouca regularidade. Imponha a si mesmo um determinado momento em que poderá se dedicar ao estudo da língua estrangeira sem ser perturbado por nada. Por exemplo, pratique todos os dias quinze minutos antes de dormir ou três vezes por semana na pausa para o almoço. O que será decisivo será o aprendizado contínuo, pois só assim você poderá treinar sua memória de longo prazo.

!̣ O aquecimento vale a pena
Repetir matéria conhecida é como fazer uma corrida leve: para se aquecer, vá por uma trilha conhecida antes de ousar um novo caminho. Mesmo que você descubra novas regras gramaticais o tempo todo, o que já foi aprendido não deve ser negligenciado.

Dicas e macetes

❗ O sal na comida
Procure não se concentrar em muitas regras gramaticais de uma só vez. Perde-se facilmente a visão geral, e os detalhes caem no esquecimento. Utilize a gramática do mesmo modo que coloca sal na comida. Assim como se pode deixar a comida excessivamente salgada, o aprendizado de uma língua estrangeira pode ser dificultado quando se introduz um excesso de regras gramaticais de uma só vez. Opte por um aprendizado lento, contínuo e orientado para um fim, demorando-se em cada passo. Enfim, seja paciente!

❗ Quem já é perfeito...
Relaxe! Não deixe que o conceito de perfeição domine seus pensamentos. A perfeição não deve ser a prioridade quando se aprende uma língua estrangeira. A beleza da língua e o ato de se fazer entender corretamente pelo interlocutor devem ser o foco.

❗ Análise de erros contra armadilhas
Não tenha medo de errar! O objetivo do aprendizado não é não cometer erros, mas perceber os erros cometidos. Somente quem reconhece um erro pode evitá-lo posteriormente. Para isso, o domínio das regras fundamentais da gramática é muito útil: para compreender um erro e, talvez, a expressão de espanto ou incompreensão do interlocutor, para não cair na mesma armadilha numa segunda vez.

❗ Não fique de escanteio
A gramática é apaixonante quando você lança um olhar às suas estruturas. Também nesse sentido, ela funciona como no esporte. Qualquer esporte só se torna realmente interessante quando suas regras são entendidas. Ou

Dicas e macetes

você assistiria a um jogo de futebol ou de tênis se esses esportes parecessem algo sem sentido? Considere a língua estrangeira uma espécie de esporte, cujas complicadas regras você aprende pouco a pouco, e, com base nelas, pode tomar parte e conversar, e não ficar de escanteio.

L! Qual o seu tipo?

Descubra o seu tipo de aprendizado. Ao aprender, você já tem alguma regra na memória (tipo memória) ou precisa ver (tipo visão, tipo leitura) e então escrever (tipo escrita) ao mesmo tempo? Você gosta de testar regras gramaticais desempenhando pequenos papéis (tipo ação)? A maior parte das pessoas tende a um tipo ou outro de aprendizado. Tipos "puros" de aprendizado são muito raros. Por isso, você deve descobrir tanto o seu tipo como os hábitos de aprendizado de sua preferência. Portanto, mantenha os olhos e os ouvidos abertos e procure conhecer aos poucos, mas com convicção, qual o seu tipo de aprendizado.

L! Deixe mensagens num *post-it*

Com *post-its* já foram feitos pedidos de casamento e relações já foram terminadas. Assim, não admira que também se possa aprender gramática por meio deles. Escreva algumas regras (o melhor é fazê-lo com exemplos) separadamente numa folha de papel ou em *post-its* e cole-os num lugar onde possa vê-los diariamente, como no banheiro, sobre o espelho, no computador, na geladeira ou junto da máquina de café. Assim, você vai internalizando determinadas regras. O olhar ajuda no aprendizado.

Dicas e macetes

L! Sentenças como exemplo contra ração seca
A ração seca é difícil de digerir. Assimilar algumas regras gramaticais a seco também é. Se você não gostar dos exemplos que encontrar em seus livros didáticos, formule seus próprios exemplos!
Pode-se progredir buscando exemplos de aplicação concreta em textos originais (jornais, livros, filmes, letras de música). Assim, a gramática "desce" com mais facilidade.

L! Converse com você mesmo
Escolha conceitos gramaticais particularmente difíceis, escreva alguns exemplos relacionados e enuncie-os em voz alta para si mesmo, por exemplo, no banho, ao caminhar ou durante uma viagem de carro mais longa. Converse com você mesmo na língua estrangeira, e assim você vai fixar rapidamente mesmo os usos mais complicados.

L! Gramática *à la carte*
Assim como no aprendizado vocabular, também é possível dispor de uma espécie de ficheiro com algumas dicas no aprendizado gramatical. Em um dos lados, escreva uma regra, uma exceção ou uma palavra-chave, e, no outro, exemplos, usos ou soluções. Consulte as fichas regularmente e selecione aquelas com que você, paulatinamente, for adquirindo familiaridade.

L! Você já tem um plano?
Escreva regras gramaticais de um mesmo grupo num grande arco desenhado numa folha de papel, de maneira breve e precisa, usando desenhos, indicações e breves exemplos. A ideia é torná-los visíveis juntos e elaborar um plano pessoal. Com a ajuda dos chamados *mind*

maps, você obterá uma visão rápida da estrutura da língua pela pura e simples elaboração do plano, podendo proporcionar uma rápida visão de conjunto. Se esse papel deve ou não ficar fixado em algum lugar não é o mais importante, porque você terá o plano na cabeça.

L! Aprender com vista para o mar
Experimente aprender uma regra gramatical ouvindo sentenças que servem como exemplos. É mais fácil memorizar exemplos do que a regra em estado puro, que lhe parecerá estranha; assim você também poderá aprender a respectiva regra mais depressa. É bom ter sempre à mão expressões e acompanhar a gramática relacionada, pois facilita a compreensão de situações recorrentes quando se está no exterior. Afinal, para que se enfiar em um livro repetindo os pronomes relativos quando se pode simplesmente alugar um quarto de hotel com vista para o mar?

L! Movimente-se
Para aprender, você não precisa necessariamente estar sentado à escrivaninha. Levante-se, suba e desça até o quarto ou repita a nova regra para si mesmo ao dar um passeio, durante uma corrida ou natação. O cérebro funciona comprovadamente melhor quando o corpo está em movimento. E a circulação sanguínea agradece.

L! Gramática com rimas
Truques de memória, rimas, formação de palavras e associações diversas são muito úteis no aprendizado de regras gramaticais. Macetes que já ajudaram no aprendizado de história, por exemplo, servirão também no aprendizado de línguas.

Dicas e macetes

📖 Dê asas à sua imaginação
No sentido mais verdadeiro da palavra, componha uma imagem da situação, pois também as imagens que você mentaliza servem de lembrete à memória. Portanto, procure associar um novo conceito gramatical ou uma regra difícil com alguma imagem fácil. Relembrar os tempos verbais, em especial, é algo que funciona melhor quando você tem uma ideia visual do respectivo tempo verbal. Essas ideias podem ser abstratas ou concretas. Quanto mais carregada de sensação for uma imagem, mais forte será a ligação com o conteúdo gramatical em questão.

📖 A pergunta fundamental: e como lidar com a língua materna?
Pense um pouco em seus próprios hábitos linguísticos e observe as regras de sua língua materna. As normas da língua estrangeira são muito mais fáceis de demonstrar e de aprender quando se conhecem as diferenças entre as próprias línguas.

📖 Trocando a gramática por um assado ao molho
Procure explicar para outra pessoa (filho, cônjuge, amigo) as peculiaridades gramaticais de uma língua estrangeira. A melhor maneira de aprender é ensinando o outro, até porque assim você toma consciência das regras mais uma vez. Mire-se no exemplo do seu filho lhe ensinando como mandar um torpedo ou de sua sogra ao lhe ensinar uma receita de assado ao molho.

📖 Escreva e-mails
Para praticar a escrita, procure um amigo e troque com ele mensagens curtas em língua estrangeira. Combinem de um corrigir o outro. Você verá que é divertido praticar

dessa maneira e chamar a atenção para o erro do outro, que talvez coincida com o seu.

L! Quem lê leva vantagem
Enverede lentamente por leituras em língua estrangeira, seja de modo simplificado, com auxílio de traduções, seja por meio de textos originais, e preste atenção às sutilezas gramaticais. Não importa o quanto se lê, e sim as estruturas gramaticais que se possa compreender.

L! Aprendizado multimídia
Aprenda com diversas mídias. Assista a DVDs ou filmes com som original, se possível com as legendas originais – por exemplo, um filme espanhol com legendas em espanhol. Você verá que quando se lê o mesmo texto que se ouve, a compreensão é sensivelmente melhor do que ouvir sem texto algum. Pause o DVD em alguns momentos e escreva palavras, frases ou estruturas gramaticais que achar interessantes. Você poderá avaliar seu progresso pela frequência de erros gramaticais que constatar nas falas dos atores.

L! Aprender livremente
O melhor vem por último: usar a língua. Viajar aos países em que a língua é falada, ter o prazer de conversar com as pessoas na língua que você está aprendendo ou pode vir a aprender e desfrutar do reconhecimento que obterá dos contatos que poderá fazer – pois idiomas abrem portas...
Nós, da Redação Langenscheidt, desejamos que você se divirta aprendendo espanhol!

> El artículo

1) Artigo

ⓘ O artigo pode ser definido ou indefinido. Ele concorda em gênero e número com o substantivo que qualifica.

⚡ Uma vez que no espanhol existem somente substantivos masculino e feminino, também o artigo será ou masculino, ou feminino.

1.1 Artigo definido

A1

Formas

| Masculino | | Feminino | |
Singular	Plural	Singular	Plural
el hijo (o filho)	**los** hijos	**la** hija (a filha)	**las** hijas

💡 O artigo definido **el** funde-se às preposições **a** e **de** (▶ 15), formando **al** ou **del**:

a + el → **al**
Vamos **al** cine. (Vamos ao cinema.)

de + el → **del**
La playa está cerca **del** hotel. (A praia fica próxima ao hotel.)

Uso

💡 Geralmente, o artigo definido é usado como no português, sendo inserido antes de substantivos conhecidos ou que já tenham sido mencionados.
No puedo trabajar porque **el** ordenador está roto.
(Não posso trabalhar porque o computador está quebrado.)

> Artigo

⚡ Usa-se o artigo definido também nos seguintes casos:
- Diante de substantivos que expressem uma generalização ou uma verdade universal:
  Los idiomas son importantes. (Os idiomas são importantes.)
- Em indicações de tempo:
  El martes no tengo clase. (Às terças não tenho aula.)
  Son las cuatro. (São quatro horas.)
- Em especificações mais detalhadas de partes do corpo ou em indicações de constituição física:
  Pepito tiene el pelo rubio. (Pepito tem cabelo loiro.)
  Me duele la cabeza. (Estou com dor de cabeça.)
- Diante de indicações de porcentagem:
  El ochenta por ciento de los turistas está en la costa. (Oitenta por cento dos turistas estão na região costeira.)
- Diante de nomes próprios e alguns nomes de locais geográficos:
  el Amazonas (o Amazonas), **(los) Estados Unidos** (os Estados Unidos), **la Habana** (Havana)
- Em verbos que funcionam como **gustar/interesar/apetecer/encantar** etc.:
  No me gustan las gambas. (Não gosto de camarão.)
  A mí me encantan los niños. (As crianças me encantam.)
- Diante de formas de tratamento e títulos:
  El doctor García no trabaja mañana. (O doutor García não trabalha amanhã.)

B1 ◐ Exceção: com **don** e **doña** + prenome, não se usa artigo:
  Don Pedro es muy simpático. (O sr. Pedro é muito simpático.)
- Do mesmo modo, não se usa artigo ao se dirigir a pessoas:
  ¡Buenos días, señor Martínez! (Bom dia, sr. Martínez!)

1.2 Artigo indefinido

Formas

⚡ De modo semelhante ao que se tem em português, em espanhol o artigo indefinido varia em número e gênero.

Masculino		Feminino	
Singular	Plural	Singular	Plural
un hijo (um filho)	unos hijos	una hija (uma filha)	unas hijas

Uso

⚡ Como em português, o plural do artigo indefinido é empregado para caracterizar uma quantidade indefinida.
Me han regalado **unos** libros. (Presentearam-me com uns livros.)

Entretanto, também é usado diante de substantivos definidos no plural:
Mis padres me han regalado **unos** zapatos. (Meus pais me deram um par de sapatos.)

Unos/unas pode significar também alguns/algumas:
Te he traído **unas** revistas de Chile. (Trouxe para você algumas revistas do Chile.)

⚡ Diante de otro e medio, nunca se usa artigo indefinido:
¿Nos puede traer otra servilleta, por favor? (Você poderia nos trazer outro guardanapo, por favor?)
Quisiera medio kilo de fresas, por favor. (Gostaria de meio quilo de morangos, por favor.)

> ❶ A forma negativa de un/una é ninguno/ninguna. ⚡ Diante de verbo, deve-se ainda acrescentar no: Ella **no** tiene **ninguna** moto roja. (Ela não tem nenhuma moto vermelha.)

El sustantivo

2 Substantivo

2.1 Gênero

ℹ️ Em espanhol, como em português, os substantivos podem ser masculinos ou femininos. Não existe substantivo neutro.
⚡ A maioria dos substantivos em espanhol coincide com seu gênero em português: **la** chica (a garota), **el** sol (o sol).

Formas

💡 A maior parte dos substantivos masculinos termina em **-o**, e a grande maioria dos femininos termina em **-a**:

Masculino	Feminino
el vin**o** (o vinho)	la chic**a** (a garota)
el tiemp**o** (o tempo)	la lun**a** (a lua)

Outras terminações frequentes:

Masculino		Feminino	
-or	el col**or** (a cor)	-ad	la verd**ad** (a verdade)
-aje	A2 el vi**aje** (a viagem)	-ez	la v**ez** (a vez)
-ón	A2 el balc**ón** (a varanda)	-ción	la can**ción** (a canção)
-ete	el bill**ete** (o tíquete de passagem)	-zón	A2 la ra**zón** (o motivo)
-e	el coch**e** (o carro)	-e	la noch**e** (a noite)
-l	el so**l** (o sol)	-tud	B1 la juven**tud** (a juventude)
-ismo	el social**ismo** (o socialismo)	-triz	A2 la ac**triz** (a atriz)

🔹 Exceção:
- substantivos femininos terminados em **-o** ou **-or**: la fot**o** (a foto), la mot**o** (a moto), la man**o** (a mão), la radi**o** (o rádio), la fl**or** (a flor).

Substantivo

- Substantivos masculinos terminados em -a:
  el problema (o problema), el tema (o tema), el sistema (o sistema), el programa (o programa), **A2** el clima (o clima), el idioma (o idioma), el cava (o vinho espumante), el día (o dia), el mapa (o mapa).
- Substantivos terminados em -ista, -ante ou -ente podem, dependendo do gênero, ser masculinos ou femininos. O gênero é indicado apenas pelo artigo: **el taxista/la taxista** (o taxista/a taxista), **el cantante/la cantante** (o cantor/a cantora), **el asistente/la asistente** (o assistente/a assistente).

⚡ Alguns substantivos mudam de significado de acordo com o gênero:

Masculino	Feminino
el policía (o policial)	la policía (a polícia)
el capital (o capital)	la capital (a capital)
A2 el orden (a ordem)	la orden (a ordem, o comando)

⚡ Substantivos femininos iniciados com a- ou ha- recebem, no singular, o artigo masculino, mantendo, no entanto, o gênero feminino. No plural, volta-se a usar o artigo feminino: **el** agua (a água) – **las** aguas (as águas). Da mesma forma: el hambre (a fome).

Frequentemente, o feminino deriva do substantivo masculino:

Masculino		Feminino	
-o	el hijo (o filho)	-a	la hija (a filha)
-consoante	el escritor (o escritor)	+a	la escritora (a escritora)

◐ Outros substantivos apresentam formas diferentes no masculino e no feminino:

Masculino	Feminino
el hombre (o homem) el padre (o pai)	la mujer (a mulher) la madre (a mãe)

2.2 O plural

Formas

☼ Em substantivos terminados em vogal, acrescenta-se um **-s**:

Singular	Plural
el curs**o** (o curso) la plaz**a** (a praça) el caf**é** (o café)	los curs**os** las plaz**as** los caf**és**

◐ Exceções: O plural dos substantivos a seguir são indicados pelo sufixo **-es**:
- Substantivos monossílabos: el **mes** (o mês) → los me**ses**
- Substantivos terminados em **-í** ou **-ú**: el marroqu**í** (o marroquino) → los marroqu**íes**, el hind**ú** (o hindu) → los hind**úes**
- Substantivos em **-y**: el re**y** (o rei) → los re**yes**, la le**y** (a lei) → las le**yes**
- Substantivos terminados em consoantes: el hote**l** (o hotel) → los hote**les**, la flo**r** (a flor) → las flo**res**, el árbo**l** (a árvore) → los árbo**les**

  ◐ Exceção: em substantivos terminados em **-z** no singular, o sufixo do plural é **-ces**, em vez de **-es**: la vo**z** (a voz) → las vo**ces**, la ve**z** → las ve**ces**.

Substantivo

⚡ Substantivos terminados com **-ón** e **-ión** perdem o acento na forma plural:
la estaci**ón** (a estação) → las estaci**ones**
el balc**ón** (a varanda) → los balc**ones**.

⚡ Substantivos que terminam em -**es** ou -**is** átonos permanecem inalterados no plural: el mart**es** (a terça-feira) → los mart**es**, la cris**is** (a crise) → las cris**is**.
Substantivos compostos terminados em -**s** têm singular e plural idênticos: el paragua**s** (o guarda-chuva) → los paragua**s**, el cumpleaño**s** (o aniversário) → los cumpleaño**s**.

Uso

ℹ Alguns substantivos são empregados somente no plural, por exemplo: las gafas (os óculos), **A2** las afueras (a vizinhança, o entorno), las vacaciones (as férias), las tijeras (as tesouras), los pantalones (as calças).

De un vistazo

Olhando de perto 🔍

Artigo

❶ O artigo acompanha um substantivo e o determina.

Artigo definido
Os artigos definidos são el, la, los, las.
☼ O artigo definido masculino el funde-se às preposições a e de: a + el → al, de + el → del.

Artigo indefinido
Os artigos indefinidos são un e una.
⚡ Assim como em português, em espanhol o artigo indefinido varia em número: unos e unas.
No plural, o artigo indefinido é usado para indicar uma quantidade indeterminada: **unos** libros (uns livros), **unos** zapatos (uns sapatos).

Substantivo

Gênero
Em espanhol, substantivos são masculinos ou femininos.

> ☼ Substantivos terminados em -o são, na maioria das vezes, masculinos, e os terminados em -a, femininos: el toro (o touro), la playa (a praia).

As terminações mais frequentes são:
- Masculino: -o, -or, -aje, -ón, -ete, -l, -e
- Feminino: -a, -dad, tad, -ez, -ie, -ción, -triz, -tud, -umbre, -zón

Olhando de perto

◐ Exceções:
- Algumas palavras terminadas em -a são masculinas: el tema (o tema), el idioma (o idioma) etc.
- Alguns substantivos terminados em -o ou -or são femininos: la foto (a foto), la moto (a moto) etc.
- Substantivos terminados em -ista, -ante ou -ente podem ser masculinos ou femininos:
  el taxista/la taxista (o taxista/a taxista)
  el cantante/la cantante (o cantor, a cantora)

Frequentemente, o feminino deriva do masculino: el hijo (o filho) → la hija (a filha).
Em outros casos, ambas as formas são designadas com palavras diferentes: el hombre (o homem), la mujer (a mulher), el padre (o pai), la madre (a mãe).

Plural

☼ O plural é formado acrescentando-se -s ou -es:
el vino (o vinho) → los vinos (os vinhos)
el hotel (o hotel) → los hoteles (os hotéis)

◐ O sufixo -es é empregado para a formação do plural dos seguintes substantivos:
- Substantivos terminados em -í ou -ú tônicos:
  el marroquí (o marroquino) → los marroquíes (os marroquinos)
  el hindú (o hindu) → los hindúes (os hindus)
- Substantivos terminados em -y: el rey (o rei) → los reyes (os reis)
- ⚡ Em substantivos terminados em -z, emprega-se o sufixo -ces: la voz (a voz) → las voces (as vozes).

3 Adjetivo

☼ Os adjetivos indicam qualidades de objetos, pessoas etc. Concordam em gênero e número com o substantivo que qualificam.

3.1 Gênero

Formas

A maior parte dos adjetivos termina em -o, -e ou com uma consoante.

☼ O feminino de adjetivos cuja forma masculina termine em -o é formado com o sufixo -a.

Masculino	Feminino
el abrigo car**o** (o sobretudo caro)	la casa car**a** (a casa cara)

⚡ O feminino de adjetivos que, em sua forma masculina, terminam em -or, bem como adjetivos gentílicos, que terminam em -és ou -án, também é formado pela adição do sufixo -a:

Masculino	Feminino
el alumno trabajad**or** (o aluno aplicado)	la alumna trabajad**ora** (a aluna aplicada)
el vino franc**és** (o vinho francês)	la cultura franc**esa** (a cultura francesa)
un deportista alem**án** (um atleta alemão)	una deportista alem**ana** (uma atleta alemã)

☼ Adjetivos terminados em -a, -e, -i, -u ou em consoante são iguais tanto no masculino como no feminino.

Adjetivo

Masculino	Feminino
un chico deportist**a** (um garoto esportista)	una chica deportist**a** (uma garota esportista)
el niño aleg**re** (a criança alegre)	la fiesta aleg**re** (a festa alegre)
el idioma difíci**l** (o idioma difícil)	la gramática difíci**l** (a gramática difícil)

⚡ Os adjetivos a seguir também são iguais em ambos os gêneros:

- **marrón** (marrom): un jersey **marrón** (um pulôver marrom) – una chaqueta **marrón** (uma jaqueta marrom)
- **mayor** (mais velho): el hermano **mayor** (o irmão mais velho) – la hermana **mayor** (a irmã mais velha)
- **menor** (mais novo): mi hermano **menor** (meu irmão mais novo) – mi hermana **menor** (minha irmã mais nova)
- **mejor** (melhor): los **mejores** días (os melhores dias) – las **mejores** ofertas (as melhores ofertas)
- **peor** (pior): el **peor** tema (o pior tema) – la **peor** noticia (a pior notícia)
- **anterior** (anterior): la lección **anterior** (a lição anterior)
- **posterior** (posterior): una operación **posterior** (posterior)

3.2 O plural

Formas

💡 O plural dos adjetivos é formado com as terminações -s ou -es.

O plural de adjetivos que, no singular, terminam em vogal (exceto -í ou -ú) é formado com o acréscimo do sufixo -s:

Adjetivo

Singular	Plural
el coche pequeño	los coches pequeños
(o carro pequeno)	(os carros pequenos)

O plural de adjetivos que terminam em consoante ou em -í no singular é formado pelo acréscimo do sufixo -es. No plural, adjetivos que, no singular, terminam em -és e -án perdem o acento no radical.

Singular	Plural
el edificio azul	los edificios azules
(o edifício azul)	(os edifícios azuis)
la estudiante iraní	las estudiantes iraníes
(a estudante iraniana)	(as estudantes iranianas)
el coche alemán	los coches alemanes
(o carro alemão)	(os carros alemães)

A1 3.3 Comparação de adjetivos

⚡ No espanhol, os adjetivos concordam sempre em gênero e número com o substantivo, independentemente de sua posição e função na oração.

💡 Se o substantivo for masculino, emprega-se o adjetivo no masculino: **El coche es bonito.** (O carro é bonito.) **Los coches son bonitos.** (Os carros são bonitos.)
Se o substantivo for feminino, o adjetivo estará no feminino. **La casa es blanca.** (A casa é branca.) **Las casas son blancas.** (As casas são brancas.)

Se um adjetivo qualificar mais de um substantivo, ele concordará em gênero com os substantivos e estará no plural: **una mesa y una silla redondas** (uma mesa e uma cadeira redondas).

Adjetivo

⚡ Se o adjetivo qualificar substantivos masculinos e femininos, geralmente usa-se o masculino plural:
María y Carlos son simpáticos. (Maria e Carlos são simpáticos.)

⚡ Deve-se notar que os adjetivos podem ser usados como adjuntos adnominais (= o adjetivo é posicionado junto ao substantivo) e também como predicativo (= o adjetivo é inserido após o verbo).

Adjunto adnominal: Es una chica rubia. (Ela é uma garota loira.)
Es un problema B1 complicado. (É um problema complicado.)
Predicativo: La chica es rubia. (A garota é loira.)
El problema me parece complicado. (O problema me parece complicado.)

3.4 A posição do adjetivo

⚡ De modo semelhante ao português, o adjetivo em espanhol, geralmente, é inserido depois do substantivo:
un gato negro (um gato preto) – un gato blanco (um gato branco).

⚡ Alguns adjetivos são inseridos sempre antes do substantivo. A2

medio (meio)	medio litro (meio litro)
tanto (tanto)	tanta gente (tantas pessoas/ tanta gente)
mucho (muito)	muchas horas (muitas horas)
poco (pouco)	pocos días (poucos dias)

Adjetivo

Mejor (melhor) e peor (pior) são, na maioria dos casos, antepostos:
Ésta es la mejor ocasión. (Esta é a melhor ocasião.)
Hoy es el peor día de mi vida. (Hoje é o pior dia da minha vida.)
O mesmo vale para **otro** (outro).
Es otra persona. (É outra pessoa.)
¡Otra cerveza! (Outra cerveja!)

➕ Lembre-se de que diante de otro e medio não se usa artigo indefinido (▷ 1.2).

A2 ⚡ Quando colocados diante de um substantivo masculino, alguns adjetivos são apocopados:

bueno (bom)	un **buen** vino (um bom vinho)
malo (mal)	un **mal** día (um mau dia/um dia ruim)
alguno (algum)	**algún** libro (algum livro)
ninguno (nenhum)	**ningún** problema (nenhum problema)
primero (primeiro)	el **primer** día (o primeiro dia)
tercero (terceiro)	el **tercer** piso (o terceiro piso)

B1 Antes de substantivos, grande (grande) sofre apócope e fica gran:
Miguel es un gran músico. (Miguel é um grande músico.)
Es una gran mujer. (É uma grande mulher.)

👉 Na linguagem escrita, sobretudo na poesia, o adjetivo frequentemente é inserido antes do substantivo: la **oscura** noche (a escura noite).

El adverbio

4) Advérbio

☀ O advérbio é empregado para especificar um verbo, um adjetivo, outro advérbio ou toda uma sentença.

Formas

Em espanhol, advérbios são diferentes dos adjetivos. Além dos advérbios originais, há também aqueles que são derivados dos adjetivos. ⚡ Ambos são invariáveis.

☀ Os advérbios derivados de adjetivos são formados acrescentando-se o sufixo -mente à flexão feminina do adjetivo:

Adjetivo feminino	Advérbio
rápid**a**	rápid**amente** (rapidamente)

Carlos trabaja rápid**amente**. (Carlos trabalha rapidamente.)

Em adjetivos cujo masculino termina em -e, -a ou consoante, cujas formas masculina e feminina são idênticas, o sufixo -mente é acrescentado diretamente à raiz:

Adjetivo feminino	Advérbio
amable	amable**mente** (amavelmente)

Me ha B1 saludado amable**mente**. (Ele/Ela me cumprimentou amavelmente.)

☀ Os advérbios terminados em -mente frequentemente são substituídos por locuções adverbiais:
Indudablemente tiene razón. → **Sin duda** tiene razón. (Sem dúvida, você tem razão.)

Outras locuções adverbiais:

> cortésmente → de manera cortés/con cortesía
> (de maneira cortês/com cortesia)
> frecuentemente → con frecuencia
> (com frequência)
> **B1** inmediatamente → de inmediato
> (imediatamente/de imediato)
> tranquilamente → con tranquilidad
> (tranquilamente/com tranquilidade)

Assim como em português, em espanhol existem advérbios que não são derivados de um adjetivo. Alguns desses chamados advérbios originais são:

- advérbios de lugar: aquí (aqui), allí (lá), arriba (acima), abajo (abaixo).
- advérbios de tempo: ahora (agora), ayer (ontem), antes (antes), mañana (amanhã), siempre (sempre), nunca (nunca), ya (já), temprano (cedo), luego (logo/depois), tarde (tarde), más tarde (mais tarde).
- advérbios de modo: bien (bem), mal (mal/mau), despacio (lentamente), así (assim).
- advérbios de quantidade: mucho (muito), poco (pouco), menos (menos), nada (nada), casi (quase), bastante (suficiente/bastante).
- advérbios de afirmação, negação e suposição: sí (sim), no (não), también (também), tampoco (tampouco).

Uso

Enquanto os adjetivos qualificam um substantivo e variam em gênero e número, os advérbios qualificam um verbo, um adjetivo ou um advérbio e são invariáveis.

Advérbio

Advérbio (Como algo é feito?)	Adjetivo (Como algo é?)
Ella toca **bien**. (Ela toca bem.) Ella toca **mal**. (Ela toca mal.)	Este libro es **bueno**. (Este livro é bom.) Este libro es **malo**. (Este livro é ruim.)

⚡ O advérbio espanhol **muy** (muito) é utilizado com adjetivos e advérbios. Para acompanhar um verbo, emprega-se o advérbio **mucho** (muito): **A1**
Sarah es **muy** guapa. (Sarah é muito bonita.)
Ella me gusta **mucho**. (Ela me agrada muito.)

➡ Na linguagem falada, para não repetir um adjetivo, é frequente o uso de mucho no lugar de um muy para uma resposta breve:
¿Te gusta el regalo? Sí, estoy **muy** contenta./Sí, **mucho**.
(Você gostou do presente? – Sim, estou muito contente./ Sim, muito.)

Posição

Geralmente, o advérbio é colocado depois do verbo, mas antes do adjetivo e de outro advérbio:
Lola toca **bien** el piano. (Lola toca piano bem.)
El español no me parece **tan** difícil. (O espanhol não me parece tão difícil.)

Os advérbios que expressem dúvida ou incerteza são inseridos antes do verbo:
Probablemente **B1** vengan más tarde. (Provavelmente virão mais tarde.) **Quizás** **B1** vengan mañana. (Talvez venham amanhã.)

A2 ⑤ Comparação

A2 5.1 Comparativo

Formas
- O comparativo de superioridade:

más + adjetivo + que	Patricia es más aplicada que Carmen. (Patricia é mais aplicada do que Carmen.) María trabaja más rápidamente que yo. (María trabalha mais rápido do que eu.)

- O comparativo de inferioridade:

menos + adjetivo + que	Patricia es menos aplicada que Carmen. (Patricia é menos aplicada do que Carmen.) María habla menos rápidamente que yo. (María fala menos rapidamente do que eu.)

- O comparativo de igualdade:

tan + adjetivo + como	Patricia es tan aplicada como Carmen. (Patricia é tão aplicada quanto Carmen.) María trabaja tan rápidamente como yo. (María trabalha tão rápido quanto eu.)
tanto/-a/-os/-as + substantivo + como	Ella gasta tanto dinero como yo. (Ela gasta tanto dinheiro quanto eu.)

⚡ Formas do comparativo irregular:

Adjetivo/advérbio	Comparativo
bueno/bien (bom/bem)	mejor (melhor)
malo/mal (mau/mal)	peor (pior)
grande (grande)	mayor (maior)
pequeño (pequeno)	menor (menor)

> **Comparação**

⚡ No caso de uma comparação espacial, grande e pequeño são acompanhados de:
El piso de los Pérez es más grande que el nuestro.
(O apartamento dos Pérez é maior do que o nosso.)

5.2 Superlativo

☼ Em espanhol, há uma diferenciação entre o superlativo relativo e o absoluto.

Formas

O superlativo relativo é formado com el/la/los/las más + adjetivo ou uma oração relativa + advérbio.

- O superlativo de superioridade:

artigo definido + más + adjetivo.	Es la más pequeña de todas. (É a menor de todas.)
oração relativa + más + advérbio	Soy el que trabaja más rápidamente. (Sou o que trabalha mais rápido.)

- O superlativo de superioridade

artigo definido + menos + adjetivo.	Estos ejercicios son los menos difíciles. (Esses exercícios são os menos difíceis.)
oração relativa + menos + advérbio	Soy el que trabaja menos rápidamente. (Sou o que trabalha menos rapidamente.)

Comparação

O superlativo absoluto é formado com muy + adjetivo/advérbio ou com a terminação -ísimo/-a/-os/-as ou -ísimamente:

Adjetivo	Advérbio
A1 Patricia es muy aplicada. (Patricia é muito aplicada.) Patricia es aplicadísima. (Patricia é aplicadíssima.)	María trabaja muy rápidamente. (María trabalha muito rápido.) María trabaja rapidísimamente. (María trabalha rapidissimamente.)

⚡ Em adjetivos terminados em consoantes, acrescenta-se a terminação -ísimo, -ísima, -ísimos, -ísimas no singular.

fácil (fácil) → facilísimo/-a/-os/-as (facílimo)
difícil (difícil) → dificilísimo/-a/-os/-as (dificílimo)

Em adjetivos terminados em vogal, ela é substituída pelos sufixos -ísimo, -ísima, -ísimos, -ísimas:

peligroso (perigoso) → peligrosísimo/-a/-os/-as
(perigosíssimo)
grande (grande) → grandísimo/-a/-os/-as (grandíssimo)

Adjetivos ou advérbios irregulares:

lejos (muito longe) → lejísimos (longíssimo)
pobre (pobre) → paupérrimo (paupérrimo)
libre (livre) → libérrimo (libérrimo)

Olhando de perto

Adjetivo

❶ Os adjetivos concordam em gênero e número com o substantivo que qualificam.

Gênero
☀ A maior parte dos adjetivos terminados em -o no singular é masculina, e a maior parte dos adjetivos terminados em -a é feminina. As terminações mais frequentes são -o, -e ou uma consoante. Alguns adjetivos não variam no gênero feminino: un hombre deportista (um homem esportista), una chica deportista (uma garota esportista) etc.

◐ O feminino de adjetivos terminados em -or ou de adjetivos gentílicos que terminem em consoante é formado com o acréscimo do sufixo -a: un chico alemán (um rapaz alemão), una chica alemana (uma garota alemã).

Plural
☀ O plural dos adjetivos é formado acrescentando-se o sufixo -s ou -es: un coche pequeño (um carro pequeno.) → coches pequeños (carros pequenos), un coche alemán (um carro alemão) → coches alemanes (carros alemães).

Posição do adjetivo

⚡ De modo semelhante ao português, o adjetivo em espanhol, geralmente, é inserido depois do substantivo: el vino **blanco** (o vinho branco).

Adjetivos como mucho (muito), poco (pouco), otro (outro) são colocados na frente do substantivo: **mucho** dinero (muito dinheiro), **otra** cerveza (outra cerveja), **poco** tiempo (pouco tempo).

Advérbio

Advérbios derivados
Em espanhol, o advérbio é invariável. Alguns advérbios são derivados de adjetivos:
rápido → rápida**mente**, amable → amable**mente**.

Advérbios primitivos
Em espanhol, há advérbios que não são derivados de adjetivos, como aquí (aqui), arriba (acima), ahora (agora), mañana (amanhã), siempre (sempre) etc.

A posição do advérbio
Geralmente, um advérbio é inserido após o verbo, ou então na frente do adjetivo ou de outro advérbio: Judith habla **bien** el italiano. (Judith fala bem italiano.) Esto no es **tan** fácil. (Isto não é tão fácil.)

Comparativo

Para expressar desigualdade ou igualdade, usa-se más/menos + adjetivo/substantivo/advérbio que ... ou tan + adjetivo/advérbio como:
Carmen es **más** guapa **que** Ana. (Carmen é mais bonita do que Ana.) Carmen es **tan** inteligente **como** Pepe. (Carmen é tão inteligente quanto Pepe.)
O superlativo relativo é formado com el/la/los/las más + adjetivo (+ de):
Carmen es **la más** guapa **de** todas. (Carmen é a mais bonita de todas.)
A não ser em caso de algumas formas irregulares, o superlativo absoluto é formado por muy diante do adjetivo ou pelo acréscimo do sufixo -ísimo ao adjetivo:
Carmen es **muy** guapa *ou* Carmen es guap**ísima**. (Carmen é muito bonita.)

El pronombre

6) Pronome   A1

6.1 Pronome pessoal   A1

❶ O pronome pessoal pode assumir diferentes funções numa oração. Em espanhol, existem pronomes sujeitos, pronomes objetos e pronomes reflexivos.

Formas

Pronomes sujeitos	Pronomes de objeto direto	Pronomes de objeto indireto	A2 Formas tônicas
yo (eu)	me (me)	me (me)	a mí (a mim)
tú (tu)	te (te)	te (te)	a ti (a ti)
él (ele)	lo/le (o)	le (lhe)	a él (a ele)
ella (ela)	la (a)	le (lhe)	a ella (a ela)
usted (você)	lo (o)	le (lhe)	a usted (a vós)
nosotros/as (nós)	nos (nos)	nos (nos)	a nosotros (a nós)
vosotros/as (vós/vocês)	os (vos)	os (vos)	a vosotros (a vós/a vocês)
ellos/as (eles/elas)	los (os)	les (lhes)	a ellos (a eles)
ustedes (vocês)	los (os)	les (lhes)	a ustedes (a vocês)

Pronomes reflexivos
me (mim)
te (ti)
se (si)
nos (nos)
os (vos)
se (si)

Além dos pronomes de objeto átonos, há também as formas tônicas que, com exceção de mí e ti, são idênticas aos pronomes sujeitos.

Pronome

A2 ❶ A forma usted/ustedes é o modo de tratamento cortês no singular e no plural. Na América Latina, emprega-se ustedes em vez de vosotros para se dirigir a mais pessoas. Em alguns países latino-americanos, além do vos para a 2ª pessoa do singular, emprega-se o tú. Quiero ir al cine con vos. (Eu gostaria de ir ao cinema com você.) Es un regalo para vos. (É um presente para você.)

Com a preposição con surgem duas formas especiais:

con + mí → conmigo (comigo)
con + ti → contigo (com você)

Uso

• Os pronomes sujeitos

⚡ Em espanhol, o pronome sujeito geralmente é suprimido, já que pela terminação do verbo é possível reconhecer quem é o sujeito da sentença: Hoy trabajo. (Hoje trabalho.)

No entanto, o pronome sujeito é empregado:
  • para ressaltar um novo sujeito:
    Yo siempre voy a Francia, pero **ellos** prefieren Italia. (Eu vou sempre para a França, porém eles preferem a Itália.)
  • para identificar alguém de maneira precisa:
    ¿Es **usted** el profesor? No, **yo** no soy el profesor. El profesor es **él**. (O senhor é o professor? – Não, eu não sou o professor. Ele é o professor.)
  • para evitar confusões, sobretudo se a forma do verbo for idêntica:
    Ella no tiene trabajo, pero **él** trabaja en una fábrica. (Ela não tem trabalho, mas ele trabalha numa fábrica.)

Pronome

- O pronome objeto

☀ As formas átonas dos pronomes objetos jamais aparecem sozinhas, mas sempre com um verbo:
Me gusta el libro. (Eu gosto do livro.)

❶ Geralmente, lo/los referem-se a pessoas e coisas. Em muitas regiões da Espanha, no entanto, usam-se também le/les como pronomes objeto direto para se referir a pessoas do sexo masculino:
¿**Le** has vuelto a ver? (Você tornou a vê-lo?)

☀ Se numa sentença houver dois pronomes da 3ª pessoa, o pronome de objeto indireto converte-se de le/les para se:

le/les + lo → se lo
le/les + la → se la
le/les + los → se los
le/les + las → se las

¿Le has contado ya la historia? (Você já lhe contou a história?) – Sí, ya **se la** he contado. (Sim, eu já lhe contei.)

☀ Os pronomes objetos tônicos são empregados com uma preposição e, ao contrário dos pronomes objetos átonos, podem aparecer desacompanhados do verbo:
¿Para quién es esta A2 revista? – Para **mí**. (Para quem é esta revista? – Para mim.)
Com a preposição a, são empregados para reforçar o pronome de objeto átono:
A mí me A2 encantan las A2 tartas de chocolate.
(Gosto de tortas de chocolate.)

Posição

Nos tempos simples (▷ ⑧), o pronome objeto direto é posto antes do verbo conjugado:
Me ayudan a preparar la fiesta. (Eles me ajudam a preparar a festa.)
Nos tempos compostos, vem antes do verbo auxiliar haber:
Carlos no **lo** ha hecho. (Carlos não o fez.)

A2 ⚡ O pronome objeto direto é justaposto ao final do imperativo afirmativo (▷ ⑩):
¡Hága**lo**! (Faça-o!)
Em verbos modais e perífrases verbais (▷ ⑦), existem duas possibilidades: o pronome objeto direto pode ser justaposto ao final do infinitivo (▷ ⑪) e do gerúndio (▷ ⑬) ou pode ser colocado antes do verbo auxiliar.
No puedo llamar**te**./No **te** puedo llamar. (Eu não posso chamar você.)
¿Cómo es la **B1** novela? Estoy leyéndo**la**./**La** estoy leyendo. (Como é o romance? Eu o estou lendo.)

A2 ⚡ Se houver dois pronomes objetos átonos numa mesma oração, o pronome indireto virá sempre antes do direto:
¿**Os** han **B1** devuelto **el libro**? – Sí, **nos lo** han **B1** devuelto. (Devolveram-lhes o livro? – Sim, devolveram-nos.)

A2 ⚡ Se o objeto direto ou o indireto, para ênfase, estiver no início da oração, ele deverá ser reiterado pelo pronome correspondente:
Las llaves **las** tiene Carmen. (Carmen está com as chaves.)

Ao contrário dos pronomes objetos átonos, os pronomes de objetos tônicos podem ser inseridos em diferentes posições:

A mí eso no me gusta. (Isso não me agrada.)
Eso **a mí** no me gusta.
Eso no me gusta **a mí**.

6.2 Pronome possessivo

Formas

Em espanhol, existem pronomes possessivos átonos e tônicos que são empregados como adjetivos. Isso significa que acompanham um substantivo.

As formas átonas apresentam-se do seguinte modo:

Singular (masculino/feminino)	Plural (masculino/feminino)
mi (meu/minha)	mis (meus)
tu (teu/tua)	tus (teus)
su (seu/sua)	sus (seus/suas)
nuestro (nosso/nossa)	nuestros (nossos/nossas)
vuestro (vosso/vossa)	vuestros (vossos/vossas)
su (seu/sua)	sus (seus)

As formas tônicas apresentam-se como segue:

| Singular | | Plural | |
Masculino	Feminino	Masculino	Feminino
mío	mía	míos	mías
tuyo	tuya	tuyos	tuyas
suyo	suya	suyos	suyas
nuestro	nuestra	nuestros	nuestras
vuestro	vuestra	vuestros	vuestras
suyo	suya	suyos	suyas

Há também pronomes possessivos que substituem substantivos. Eles concordam com os pronomes possessivos tônicos e são sempre acompanhados de um artigo definido:

Singular (masculino/feminino)	Plural (masculino/feminino)
el mío/la mía (o meu/a minha)	los míos/las mías (os meus/as minhas)
el tuyo/la tuya (o teu/a tua)	los tuyos/las tuyas (os teus/as tuas)

Uso

☼ Os pronomes possessivos átonos são posicionados antes do substantivo:
Mis padres viven en Múnich. (Meus pais vivem em Munique.)

☼ Os pronomes possessivos tônicos são colocados depois do substantivo quando este vier acompanhado de um artigo, de um pronome demonstrativo ou de numeral: Ese vecino **vuestro** es muy amable. (Esse seu vizinho é muito amável.)

⚡ Eles concordam em gênero e número com o termo que qualificam:
Es una muy buena amiga **mía**. (É uma amiga minha muito boa.)

Os pronomes possessivos que substituem substantivos são posicionados isoladamente para evitar a repetição do substantivo:
¿De quién es el libro? Es el **mío**. (De quem é o livro? É meu.)

6.3 Pronome demonstrativo

Formas

Em espanhol, existem três diferentes pronomes demonstrativos: este, ese e aquel. São postos diante do substantivo e concordam em número e gênero com ele.

Masculino

Singular	Plural
este perro (este cachorro)	estos perros
ese chico (esse rapaz)	esos chicos
aquel lago (aquele lago)	aquellos lagos

Feminino

Singular	Plural
esta lámpara (esta lâmpada)	estas lámparas
esa flor (essa flor)	esas flores
aquella casa (aquela casa)	aquellas casas

Uso

☼ Os pronomes demonstrativos podem ser empregados tal como os pronomes possessivos adjetivos ou substantivos. Em ambos os casos, eles concordam em gênero e número com o substantivo a que se referem.

Uso adjetivo: **Esta revista es mía.** (Esta revista é minha.)
Uso substantivo: **Esta es mía.** (Esta é minha.)

☼ Este/-a/-os/-as são empregados para pessoas e coisas que se encontrem próximas daquele que enuncia.
Este teléfono funciona mal. (Este telefone funciona mal.)

☼ **Ese/-a/-os/-as** são empregados para pessoas e coisas que estejam um pouco longe daquele que enuncia: **Esos periódicos** son del mes pasado. (Esses jornais são do mês passado.)

☼ **Aquel/-la/-los/-las** são empregados para pessoas e coisas que estejam muito longe de ambos os interlocutores: **Aquellas casas** son bonitas. (Aquelas casas são bonitas.)

⚡ Quando os pronomes demonstrativos aparecerem isolados e substituem um substantivo, eles são acentuados para que sejam diferenciados das outras formas:
¿Qué casa te gusta más, **ésta** o **aquélla**? (Que casa lhe agrada mais, esta ou aquela?)

As formas neutras esto (isto), eso (isso) e aquello (aquilo) representam sempre uma coisa ou uma ação que se quer ou se deseja nomear. Nunca são acentuados. ¿Qué es **esto**? (O que é isto?)

6.4 Pronome relativo

Formas

que	(que, o/a qual)
lo que	(o que)

Uso

☼ Que é o pronome relativo mais frequente. Refere-se a pessoas e coisas e é invariável.
Los alumnos **que** no han aprobado el examen pueden repetirlo. (Os alunos que não foram aprovados na prova podem repeti-la.)

☼ Quando estiver no lugar de uma preposição, que pode ser empregado sem artigo.

> Pronome

- Após preposições monossilábicas junto a coisas, que, na maioria das vezes, é inserido sem artigo: **A2**
  La mesa en que trabajo está llena de papeles.
  (A mesa em que trabalho está cheia de papéis.)
- ⚡ Após preposições monossilábicas junto a pessoas, que é inserido com artigo. O artigo concorda em gênero e número com o substantivo que determina:
  La señora con la que has hablado es mi jefa. (A mulher com quem você conversou é minha chefe.)
- Após preposições com mais de uma sílaba, que é inserido com artigo:
  La **B1** **empresa para la que trabajo es muy grande.**
  (A empresa para a qual trabalho é muito grande.)

💡 **Lo que** substitui uma oração que o antecede ou o sucede: **B2**
Nunca hace lo que le digo. (Nunca faz o que lhe digo.)

6.5 Pronome indefinido **B1**

💡 Em espanhol, há pronomes indefinidos que acompanham um substantivo e pronomes indefinidos que substituem um substantivo.

Formas

Os pronomes indefinidos adjetivos acompanham um substantivo:

cada	(cada, todo)
B2 cualquier	(qualquer)

Pronome

Pronomes indefinidos substantivos:

alguien	alguém
algo	algo
cualquiera	qualquer
A2 nada	nada
A2 nadie	ninguém
cada uno, cada una	cada um, cada uma

Pronomes que cumprem função adjetiva e substantiva simultaneamente:

alguno/-a/-os/-as	algum/a/ns/umas
ninguno/-a	ninguém
A2 otro/-a/-os/-as	outro
A2 todo/-a/-os/-as	todo

Uso

☼ Cada e cualquier não variam em gênero e número:
Cada día hay algo nuevo. (Cada dia há algo novo.)
Cualquier noticia de Chile le interesa. (Qualquer notícia do Chile lhe interessa.)

☼ Alguien, algo, cualquiera, nada e nadie são invariáveis:
¿Te ha visto **alguien**? (Você viu alguém?)
En esta ciudad hay **algo** que ver. (Nesta cidade tem algo para se ver.)
Puedes preguntar a **cualquiera**. (Pode perguntar a qualquer um.)
No comen **nada**. (Não comem nada.)
Nadie te puede ayudar. (Ninguém pode ajudar você.)

⚡ Cada uno tem forma feminina:
En esta familia **cada uno/una** tiene su coche. (Nesta casa cada um/uma tem seu carro.)

Alguns pronomes indefinidos são empregados tanto associados quanto desassociados, isto é, podem acompanhar ou substituir um substantivo:
¿Tienes **alguna** idea? (Você tem alguma ideia?)
Algunos no volverán más. (Alguns não voltarão mais.)
Ninguno ha visto nada. (Ninguém viu nada.)

Diante de substantivos masculinos, alguno se converte em algún, ninguno se converte em ningún:
Algún día lo sabremos. (Algum dia saberemos.)
Ningún viaje me ha costado tanto como éste. (Nenhuma viagem me custou tanto quanto esta.)

⚡ Com um substantivo + artigo, todo tem significados diferentes no singular e no plural:
- todo/toda + el/la + substantivo = todo o, toda a:
  Se han comido **toda la paella**. (Comeram toda a *paella*.)
- todos/todas + los/las + substantivo = todos.
  Todos los oyentes se pusieron de pie. (Todos os ouvintes ficaram de pé.)

6.6 Pronome interrogativo A1

Formas

qué	que, qual
cuál, cuáles	qual, quais
quién, A2 quiénes	quem
cuánto/-a/-os/-as	quanto/a/os/as

Pronome

ⓘ Que sempre é acentuado quando for pronome interrogativo. Se for pronome relativo ou conjunção, não tem acento.

¿**Qué** quieres? (O que você quer?)

Creo que no es verdad. (Creio que não seja verdade.)

Uso

- ⚡ Qué é usado para fazer perguntas sobre pessoas ou coisas e pode aparecer sozinho ou diante de um substantivo:

  ¿**Qué** crees tú? (Em que você acredita?)

  ¿**Qué** blusa has comprado? (Que blusa você comprou?)

  ¿Por **qué** estudias español? (Por que você estuda espanhol?)

- Quién/quiénes é usado para fazer perguntas sobre pessoas e é inserido sem substantivo:

  ¿**Quién** me puede dar su dirección? (Quem pode me dar seu endereço?)

  Quando se espera que se trate de mais pessoas, emprega-se a forma plural quiénes:

  ¿**Quiénes** son esos chicos? (Quem são esses rapazes?)

  Também pode ser empregado com preposição:

  ¿A **quién** le has regalado tu reloj? (Para quem você deu seu relógio?)

De un vistazo

Olhando de perto 🔍

Pronome

❶ Numa oração, pronomes substituem substantivos.

Pronomes sujeitos

Singular		Plural	
yo	eu	nosotros/nosotras	nós
tú	tu	vosotros/vosotras	vós
él	ele	ellos	eles
ella	ela	ellas	elas
usted	o senhor, a senhora, você	ustedes	os senhores, as senhoras, vocês

☼ Em espanhol, os pronomes sujeitos são, na maioria das vezes, suprimidos, uma vez que é possível reconhecer o sujeito da oração pela terminação do verbo. No entanto, em alguns casos eles são empregados para ênfase:

Vamos a tomar algo. (Vamos tomar alguma coisa.)
Ella es muy amable, pero **él** es antipático. (Ela é muito amável, mas ele é antipático.)

Pronomes de objetos átonos:

Singular		Plural	
me	me/a mim	nos	nos
te	te/a ti	os	vos
lo/le	lo/lhe	los/les	os/lhes
la/le	la/lhe	las/les	as/lhes
lo/la/le	os/lhes	los/las/les	os/as/lhes

Olhando de perto

☼ Os pronomes objetos átonos são empregados sempre junto ao verbo.

Pronomes objetos átonos:

Singular		Plural	
a mí	me/a mim	a nosotros	nos
a ti	te/a ti	a vosotros	vos
a él	lo/a ele	a ellos	os/a eles
a ella	la/a ela	a ellas	as/a elas
a usted	os/lhes	a ustedes	os/lhes

Os pronomes objetos tônicos são inseridos sempre depois de preposições.

◐ Existem duas formas especiais:
conmigo (comigo), contigo (contigo).

☼ Na combinação de le/les + lo/la/los/las, le/les se converte em se:
¿Y el paquete? – Se lo he enviado por correo.
(E o embrulho? – Eu o enviei pelo correio.)

Pronome possessivo

Como nos pronomes objetos, há também pronomes possessivos átonos e tônicos. Eles concordam em gênero e número com o substantivo:
Ella es nuestra hermana. (Ela é nossa irmã.)
Ellas son nuestras hermanas. (Elas são nossas irmãs.)

☼ Os pronomes possessivos átonos são inseridos antes do substantivo, enquanto as formas tônicas aparecem depois de um substantivo acompanhado de um pronome demonstrativo ou de um numeral.

Olhando de perto

Pronomes possessivos átonos:

Singular		Plural	
mi	meu/minha	mis	meus
tu	teu/tua	tus	teus
su	seu/sua	sus	seus
nuestro/-a	nosso(a)	nuestros/-as	nosso(s)
vuestro/-a	vosso(a)	vuestros/-as	vosso(s)
su	seu, sua	sus	seu(s), sua(s)

Pronomes possessivos tônicos:

Singular	Plural
mío/-a	míos/-as
tuyo/-a	tuyos/-as
suyo/-a	suyos/-as
nuestro/-a	nuestros/-as
vuestro/-a	vuestros/-as

Pronome demonstrativo

Existem três pronomes demonstrativos que caracterizam as diferentes distâncias de quem enuncia. São inseridos antes do substantivo e concordam em gênero e número com ele. Mas podem aparecer também sem substantivo e substituí-lo.

Perto de quem fala e de quem ouve	Um pouco distante de quem fala	Muito distante de quem fala e de quem ouve
este/-a	ese/-a	aquel/aquella
estos/-as	esos/-as	aquellos/aquellas

Pronome relativo

Que refere-se a pessoas ou coisas, enquanto quien, quienes referem-se somente a pessoas. Lo que refere-se ao conteúdo de uma oração que lhe precede ou sucede.

Pronome indefinido

Em espanhol, existem pronomes indefinidos associados, que acompanham um substantivo, e pronomes indefinidos desassociados, que são empregados no lugar de um substantivo:

Cada alumno lo sabe. (Todo aluno sabe.)
Cualquiera lo sabe. (Qualquer um sabe.)

Pronome interrogativo

⚡ Os pronomes interrogativos sempre são acentuados:
¿Qué estudias? (O que você estuda?)
¿Cuál es tu hermano? (Qual é o seu irmão?)
¿Quién es Cervantes? (Quem é Cervantes?)

El verbo

7) Verbo

☼ De acordo com sua terminação no infinitivo, os verbos em espanhol são divididos em três grupos: os verbos da 1ª conjugação terminam em -ar, os da 2ª conjugação terminam em -er e os da 3ª conjugação terminam em -ir.
❶ A maioria dos verbos pertence ao primeiro grupo.

7.1 Verbos "ser", "estar" e "hay"

O verbo ser caracteriza propriedades essenciais e estar designa atributos passageiros. Hay é uma forma impessoal do verbo auxiliar haber e significa "há", "existe".

Uso

O verbo ser é empregado:
- para identificar pessoas ou coisas:
  Rocío Hernández **es** mi profesora de español. (Rocío Hernández é a minha professora de espanhol.)
- para indicações de tempo:
  Son las cuatro. (São quatro horas.)
- antes da preposição de para indicar procedência ou posse:
  Estas estudiantes **son** de Italia. (Estas estudantes são da Itália.)
  El libro **es** de mi padre. (O livro é de meu pai.)
- para indicações de preço:
  ¿Cuánto **es**? (Quanto é?)
  ❶ Para preços oscilantes emprega-se estar + a :
  En este momento, los mejillones **están a** 4 euros el kilo. (Neste momento, os mexilhões estão por 4 euros o quilo.)

O verbo estar é empregado:
- para indicar lugares com artigo definido:
  Los niños **están** en el colegio. (As crianças estão no colégio.)
- com nomes próprios:
  Carmen no **está** en casa. (Carmen não está em casa.)
- para expressar estados:
  Hoy no **estoy** muy bien. (Hoje não estou muito bem.)

⚡ O verbo ser é colocado antes de um substantivo com ou sem preposição, ou diante de um advérbio; já estar é colocado antes de um advérbio ou expressão preposicional, porém nunca antes de um substantivo. Ser e estar também podem ser empregados com adjetivos.

- ☼ Adjetivos que expressem propriedades características são empregados com o verbo ser para fazer afirmações de caráter geral:
  Rosa **es** muy alegre. (Rosa é muito alegre.)

A1 • ☼ Adjetivos que caracterizem um estado passageiro ou um sentimento subjetivo são empregados com estar:
  Felipe **está** muy alegre hoy. (Felipe está muito alegre hoje.)

A2 Alguns adjetivos mudam de significado se empregados com ser ou estar:

ser + adjetivo		estar + adjetivo	
ser rico	ser rico	estar rico	estar saboroso
ser vivo	ser vivaz	estar vivo	estar vivo
ser joven	ser jovem	estar joven	estar jovem
ser listo	ser esperto	estar listo	estar pronto

> **Verbo**

A forma verbal hay é empregada:
- para expressar a condição de estar presente ou a posição de um objeto ou de uma pessoa. O sujeito da oração ou aparecerá sem artigo, ou será acompanhado de artigo indefinido, de um pronome indefinido ou de um termo de referência:
En esta ciudad **hay** universidades muy buenas. (Nesta cidade há universidades muito boas.)
En este pueblo **hay** una iglesia muy bonita. (Neste vilarejo há uma igreja muito bonita.)

◐ Exceção: Quando, antes do substantivo, houver artigo definido, pronome demonstrativo ou pronome possessivo, o verbo estar será empregado no lugar de hay.
El banco **está** en la esquina. (O banco está na esquina.)

7.2 Verbo modal e verbo auxiliar ⒶⓁ

Os verbos modais são colocados antes do infinitivo de um verbo principal e expressam a relação entre o sujeito da oração e o enunciado da oração.

- poder (possibilidade, permissão): **No puedo** venir mañana. (Não posso vir amanhã.)
- saber (capacidade mental, algo que foi aprendido): **¿Sabes** manejar el ordenador? (Você sabe mexer no computador?)
- querer: **Quiero** viajar a Cuba. (Quero viajar a Cuba.)
- tener que (necessidade objetiva): **Tengo que** trabajar el fin de semana. (Tenho de trabalhar no fim de semana.)
- Ⓐ② deber (exigência, proposta): **Deberías** dormir más. (Você deveria dormir mais.)

⚡ Diferentemente do que ocorre em português, em espanhol o verbo haber é o único verbo auxiliar para a formação do perfeito do indicativo:
He vista una película muy buena. (Vi um filme muito bom.)
Hemos ido al teatro. (Fomos ao teatro.)

7.3 Verbo reflexivo

Formas

Os verbos reflexivos são formados com pronomes reflexivos (▷ 6.1).

aburrirse (aborrecer-se)	
(yo)	**me** aburro
(tú)	**te** aburres
(él, ella, usted)	**se** aburre
(nosotros/-as)	**nos** aburrimos
(vosotros/-as)	**os** aburrís
(ellos/-as, ustedes)	**se** aburren

Uso

💡 Assim como os pronomes objetos átonos, os pronomes reflexivos podem ou ser justapostos ao infinitivo ou ser colocados antes do verbo:
Yo **me levanto** temprano. (Eu me levanto cedo.)
Hay que **levantarse**. (É preciso levantar-se.)

⚡ A um verbo reflexivo em espanhol nem sempre corresponde um verbo reflexivo em português:

despertarse	(acordar, despertar)
ducharse	(tomar banho)
caerse	(cair no chão)
quedarse	(ficar, permanecer)

¿Cómo **te llamas**? (Como você se chama?)
Ayer nos levantamos tarde. (Ontem nos levantamos tarde.)
¿Te acuestas ya? (Você já vai se deitar?)
¡Venga, **despiértate**! (Vamos, acorde!)

❶ Alguns verbos têm significados diferentes dependendo de seu uso como reflexivos ou não reflexivos:

não reflexivo	reflexivo
B1 caer (cair)	B2 caerse (cair, cair no chão)
cambiar (mudar, trocar, alternar)	B2 cambiarse (trocar-se, trocar de roupa)
dormir (dormir)	B2 dormirse (pegar no sono, adormecer)
ir (ir)	irse (ir embora)
quedar (restar, sobrar)	quedarse (permanecer)
volver (voltar, retornar)	B1 volverse (virar-se, virar, girar)

7.4 Formas impessoais   A1

Em espanhol, existem os seguintes verbos ou construções impessoais:
- verbos que descrevem as condições climáticas:
  Llueve. (Chove.) **Hace frío.** (Está frio.) **Nieva.** (Neva.)
- es + adjetivo + infinitivo:
  Es imposible llegar a tiempo. (É impossível chegar a tempo.)

⚡ É preciso atentar para o fato de que em espanhol, assim como em português, não se usa preposição entre adjetivo e verbo. Portanto, não se diz Es bueno de hacer deporte, mas: **Es bueno hacer** deporte. (É bom praticar esportes.)

- hay (há, existe) (▷ 7.2)
- hay que + infinitivo (é preciso):
  Hay que pagar la cuenta. (É preciso pagar a conta.)
⚡ Em es + adjetivo + infinitivo e hay que + infinitivo, os pronomes objetos são sempre justapostos ao infinitivo:
Hay que probar**lo**. (É preciso tentar.)
- se + verbo:
  No **se hace** así. (Não se faz assim.)
  Se vende piano. (Vende-se um piano.)
  Estos productos no **se venden** bien. (Esses produtos não vendem bem.) (▷ ⑭).

B1
- uno + verbo:
  Uno nunca **sabe** lo que le espera. (Ninguém/A gente nunca sabe o que lhe/nos espera.)
  Si **uno se levanta** muy temprano puede hacer muchas cosas. (Se alguém/a gente se levanta cedo, pode fazer muitas coisas.)

B1 ⚡ Diferentemente do se com função de indeterminador do sujeito, uno, apesar de ser uma forma neutra e também indeterminada, é empregado sempre que o falante se implicar no enunciado. **Uno se duerme en clase.** (Dorme-se [= a gente dorme] na aula.)

- Verbos na 3ª pessoa do plural (▷ ⑭):
  Llamaron a tu hermano por teléfono. (Chamaram seu irmão por telefone.)
  Aquí **venden** zapatos. (Aqui se vendem sapatos.)
  Aquí **hacen** cerveza. (Aqui se faz cerveja.)

Olhando de perto 🔍

Verbo

Os verbos ser, estar e hay
O verbo ser, assim como em português, caracteriza propriedades essenciais; já estar indica características passageiras. Hay (há/existe/tem-se) é uma forma impessoal de haber, empregada para expressar se algo está presente ou não.

⚡ Alguns adjetivos mudam de significado se empregados com ser ou estar:
ser rico (ser rico), estar rico (estar saboroso)

Verbo modal e verbo auxiliar
O verbo modal é colocado antes de um verbo principal no infinitivo e expressa a relação do sujeito da oração com o enunciado da oração.
Em espanhol, os verbos modais são:

poder (poder, ter a permissão de) – possibilidade ou capacidade, permissão saber (poder) – capacidade mental, algo que foi aprendido querer (querer) tener que (ter de) – necessidade objetiva deber (dever/ter de) – exigência ou necessidade

⚡ O pretérito perfeito em espanhol é sempre formado com o verbo auxiliar haber:
He visto una película muy buena. (Vi um filme muito bom.) Hemos ido al teatro. (Fomos ao teatro.)

Olhando de perto

Verbo reflexivo

☼ Os verbos reflexivos são formados com os pronomes reflexivos me (me), te (ti), nos (nos), os (vos) e se (se).

levantarse (levantar-se):
me levanto, te levantas, se levanta,
nos levantamos, os levantáis, se levantan

Os pronomes reflexivos podem ou ser justapostos ao infinitivo, ou colocados antes do verbo conjugado:
Yo me levanto temprano. (Eu me levanto cedo.)
Hay que levantarse temprano. (É preciso levantar-se cedo.)

⚡ A um verbo reflexivo em espanhol nem sempre corresponde um verbo reflexivo em português: despertarse (acordar, despertar), ducharse (tomar banho) etc.

ℹ Alguns verbos têm significados diferentes dependendo de sua regência reflexiva ou não: dormir (dormir), dormirse (pegar no sono).

Forma impessoal

O espanhol dispõe de algumas construções impessoais:
- orações sem sujeito: Llueve. (Chove.) Hace frío. (Está frio.)
- es + adjetivo + infinitivo: Es imposible llegar a tiempo. (É impossível chegar a tempo.)
- Hay que + infinitivo (é preciso): Hay que pagar la cuenta. (É preciso pagar a conta.)
- Se + verbo como tradução para construções passivas sintéticas e para o equivalente ao se do português: No se hace así. (Não se faz assim.)

8 Indicativo

❶ O indicativo é o modo de realidade e de atividades que podem ser descritas no presente (tempo presente), no passado (perfeito, indefinido, imperfeito, mais-que-perfeito) e no futuro (perfeito e imperfeito).

8.1 Presente

Com o tempo presente, processos e ações são descritos no momento em que acontecem.

Formas

💡 O presente dos verbos regulares é formado acrescentando-se a desinência à raiz do verbo.

	1ª conjugação hablar (falar)	2ª conjugação beber (beber)	3ª conjugação vivir (viver)
(yo)	hablo	bebo	vivo
(tú)	hablas	bebes	vives
(él, ella, usted)	habla	bebe	vive
(nosotros/-as)	hablamos	bebemos	vivimos
(vosotros/-as)	habláis	bebéis	vivís
(ellos/-as, ustedes)	hablan	beben	viven

No singular, o modo de tratamento formal é usted, 3ª pessoa do singular, e, no plural, ustedes, 3ª pessoa do plural:

¿**Es usted** de España? (O senhor é da Espanha?)
¿**Ustedes hablan** español? (Os senhores/Vocês falam espanhol?)

❶ Os pronomes pessoais, quando sujeitos da oração, são empregados para enfatizar (▶ 6.1).

Indicativo

◐ **Exceções:**
Alguns verbos apresentam, no radical, uma alteração vocálica nas pessoas cuja sílaba tônica incide justamente no radical. ❶ Na 1ª e na 2ª pessoa do plural, a sílaba tônica não recai no radical.

e → ie	o → ue	e → i
c**e**rrar (fechar, cerrar)	d**o**rmir (dormir)	A2 p**e**dir (pedir)
c**ie**rro	d**ue**rmo	pido
c**ie**rras	d**ue**rmes	pides
c**ie**rra	d**ue**rme	pide
cerramos	dormimos	pedimos
cerráis	dormís	pedís
c**ie**rran	d**ue**rmen	piden

- como cerrar (e → ie): empezar (começar), pensar (pensar), perder (perder), querer (querer)
- como dormir (o → ue): contar (contar), costar (custar), encontrar (encontrar) B1 mover (mover)
- como pedir (e → i): B1 elegir (eleger), repetir (repetir), A2 reírse (rir), A2 vestirse (vestir-se)
  (◐ No verbo jugar (jogar), a vogal da raiz, -u, passa a ser -ue-: j**ue**go, j**ue**gas, j**ue**ga ...)

Há uma série de verbos em que apenas a 1ª pessoa do singular é irregular:
- conocer (conhecer): cono**zco**, conoces, conoce etc. Da mesma forma: todos os verbos que terminem em -acer, -ecer e -ucir, como B1 agradecer (agradecer), conducir (conduzir).
- A2 traer (trazer): tra**igo**, traes, trae etc.
  (da mesma forma: caer [cair])
- salir (sair): sal**go**, sales, sale etc.
  (Da mesma forma: valer [custar, valer])
- dar (dar): d**oy**, das, da etc. (da mesma forma: estar [estar, encontrar-se])

Indicativo

Verbos que apresentam mudanças na grafia:
- em verbos terminados em -uir, acrescenta-se y nas formas de raiz tônica: **B1** construir (construir) → construyo, construyes, construye, construimos, construís, construyen
- em verbos terminados em -guir, antes da desinência -o, desaparece o -u: **A2** seguir (seguir) → sigo, sigues, sigue, seguimos, seguís, siguen
- em verbos terminados em -cer (após consoante), antes da desinência -o, o -c- converte-se em -z-: **B1** vencer (vencer) → venzo, vences, vence, vencemos, vencéis, vencen
- em verbos terminados em -ger e -gir, antes da desinência -o, o -g- se converte em -j-: coger (colher) → cojo, coges, coge, cogemos, cogéis, cogen
- em verbos terminados em -iar e -uar, nas formas de raiz tônica, o -i- ou o -u- são acentuados: **B1** enviar (enviar) → envío, envías, envía, enviamos, enviáis, envían, **B1** continuar (continuar) → continúo, continúas, continúa, continuamos, continuáis, continúan

Uso

❶ Tal como no português, o presente é empregado para descrever acontecimentos e ações que estão acontecendo no momento em que se fala:
María **está** bastante cansada. (María está bastante cansada.)

Além disso, também descreve planos já decididos para o futuro:
Mañana **vamos** al teatro. (Amanhã vamos ao teatro.)

Emprega-se em enunciados que contenham uma ordem:
Entras a tu habitación y **te pones** a estudiar. (Vá para o seu quarto e comece a estudar.)

⚡ Assim como no português, o presente é usado também em interrogações:
¿**Pongo** la mesa? (Ponho a mesa?)

Indicativo

A1 ## 8.2 Passado

8.2.1 Perfeito

❶ Com o tempo perfeito, descrevem-se ações ou acontecimentos que já ocorreram, mas que ainda mantêm relação com o presente (passado recente).

Formas

O perfeito é formado com o presente do verbo auxiliar **haber** e o particípio perfeito:

		hablar (falar)	beber (beber)	vivir (viver)
(yo)	**he**	hablado	bebido	vivido
(tú)	**has**	hablado	bebido	vivido
(él, ella, usted)	**ha**	hablado	bebido	vivido
(nosotros/-as)	**hemos**	hablado	bebido	vivido
(vosotros/-as)	**habéis**	hablado	bebido	vivido
(ellos/-as, ustedes)	**han**	hablado	bebido	vivido

☼ O perfeito é formado exclusivamente com **haber**: **He ido al cine.** (Fui ao cinema.)

⚡ O particípio é sempre acompanhado pelo verbo **haber**: **He estado una semana en el hospital.** (Fiquei uma semana no hospital.)

◐ O particípio de alguns verbos é irregular: (▶ ⑫):

Infinitivo		Particípio	
decir	dizer	dicho	dito
escribir	escrever	escrito	escrito
hacer	fazer	hecho	feito
poner	pôr	puesto	posto

Indicativo

Uso

☼ O perfeito é empregado para ações ou processos concluídos, que se deram em um espaço de tempo ainda não encerrado ou que ainda mantenha relação com o presente.

O perfeito é acompanhado, na maioria das vezes, pelas indicações de tempo a seguir:

> hoy (hoje), esta mañana (esta manhã), esta semana (esta semana), este año (este ano), hasta ahora (até agora), alguna vez (alguma vez), todavía no (ainda não), nunca (nunca).

Este año **he leído** mucho. (Este ano eu li muito.)
¿**Has estado** A2 alguna vez en Caracas? (Você já esteve alguma vez em Caracas?)

O perfeito é também usado:
- em acontecimentos ou ações que tenham consequências para a atualidade, mas cujo instante no tempo não é importante: ¿**Has llamado** a tus padres? (Você chamou seus pais?)
  ¿**Has visto** la última película de Almodóvar? (Você viu o último filme de Almodóvar?)

❶ Em muitas regiões da Espanha e na América Latina, usa-se o tempo indefinido no lugar do perfeito.

8.2.2 Indefinido (passado histórico)

Formas

Os verbos irregulares são formados acrescentando-se as terminações do indefinido à raiz do verbo.

Indicativo

	hablar (falar)	**beber** (beber)	**vivir** (viver)
(yo)	hablé	bebí	viví
(tú)	hablaste	bebiste	viviste
(él, ella, usted)	habló	bebió	vivió
(nosotros/-as)	hablamos	bebimos	vivimos
(vosotros/-as)	hablasteis	bebisteis	vivisteis
(ellos/-as, ustedes)	hablaron	bebieron	vivieron

❶ A sílaba tônica nas flexões regulares do indefinido está sempre na desinência, e nunca na raiz, por exemplo: **can**tar → cant**é**.

⚡ Deve-se atentar, sobretudo, para a tonicidade correta na 1ª e na 3ª pessoa do singular, para não se incorrer em equívocos:

Presente	
can**to**	eu canto
am**o**	eu amo

Indefinido	
cant**ó**	ele/ela cantou
am**ó**	ele/ela amou

◗ Exceções:

B1 Em alguns verbos terminados em -ir, na 3ª pessoa do singular e na 3ª pessoa do plural, altera-se a vogal do radical:

e → i **pedir** (pedir)	**o → u** **dormir** (dormir)
pedí	dormí
pediste	dormiste
pidió	durmió
pedimos	dormimos
pedisteis	dormisteis
pidieron	durmieron

Indicativo

- como pedir (e → i): elegir (eleger, escolher), repetir (repetir), reírse (rir), seguir (seguir), sentir (sentir)
- como dormir (o → u): morir (morrer)

No tempo indefinido, em uma série de verbos há alterações na raiz. Independentemente de pertencerem à 1ª, 2ª ou 3ª conjugação, terminam todos em -e, -iste, -o, -imos, -isteis, -ieron:

Infinitivo	Raiz do infinitivo	Verbo conjugado
estar (estar)	estuv-	estuve, estuviste, estuvo ...
hacer (fazer)	hic-	hice, hiciste, hizo ...
decir (dizer)	dij-	dije, dijiste, dijo ...
poder (poder)	pud-	pude, pudiste, pudo ...
poner (pôr)	pus-	puse, pusiste, puso ...
querer (querer)	quis-	quise, quisiste, quiso ...
saber (saber)	sup-	supe, supiste, supo ...
tener (ter)	tuv-	tuve, tuviste, tuvo ...
traer (trazer)	traj-	traje, trajiste, trajo ...
venir (vir)	vin-	vine, viniste, vino ...

ⓘ Em verbos cuja raiz passa a ter um j, exclui-se o -i- da terminação na 3ª pessoa do singular: decir → dijeron.

⚡ Ser (ser) e ir (ir) apresentam a mesma forma no indefinido: fui, fuiste, fue, fuimos, fuisteis, fueron.

As formas de ver (ver) e dar (dar) são constituídas acrescentando-se à raiz as mesmas terminações que se tem em comer e vivir.

Infinitivo	Raiz do indefinido	Verbo conjugado
ver	v-	vi, viste, vio, vimos, visteis, vieron
dar	d-	di, diste, dio, dimos, disteis, dieron

Indicativo

⚡ Em ser, ir, ver e dar, a 1ª e a 2ª pessoa são acentuadas!

B1 Verbos com mudanças na grafia:
- No verbo oír (ouvir) e em verbos terminados em -eer, -uir, -aer, o -i- átono é substituído por -y- na 3ª pessoa do singular e do plural:
leer (ler) → leí, leíste, leyó, leímos, leísteis, leyeron
caer (cair) → caí, caíste, cayó, caímos, caísteis, cayeron

⚡ Há uma série de verbos em que se deve atentar para a 1ª pessoa do singular:
- em verbos terminados em -gar, antes da desinência -e, o -g- se torna -gu-: llegar (chegar) → lle**gu**é, llegaste, llegó …
- em verbos terminados em -car, o -c- se torna -qu-: buscar (buscar) → bus**qu**é, buscaste, buscó …
- em verbos terminados em -zar, antes da desinência -e, o -z- se torna -c-: empezar (começar) → empe**c**é, empezaste, empezó …
- em verbos terminados em -guar, antes da desinência -e, o -u- se torna -ü-: averiguar (averiguar) → averi**gü**é, averiguaste, averiguó …

Uso

💡 O indefinido é empregado para indicar ações ou processos que ocorrem em determinado momento no tempo ou num espaço de tempo concluído no passado. Indicações de tempo frequente no indefinido são ayer (ontem), la semana pasada (semana passada), el año pasado (ano passado) etc.:
Ayer **traté** de llamarla. (Ontem tentei chamá-la.)
La semana pasada **perdí** el avión. (Na semana passada perdi o avião.)

> Indicativo

☼ Com o indefinido, responde-se à pergunta sobre o que teria acontecido em determinado instante temporal no passado. Mas quando o instante temporal não é conhecido ou relevante, emprega-se o perfeito:
¿**Has visto** esta película? (Você viu este filme?)

8.2.3 Imperfeito

Formas

	hablar (falar)	**beber** (beber)	**vivir** (viver)
(yo)	hablaba	bebía	vivía
(tú)	hablabas	bebías	vivías
(él, ella, usted)	hablaba	bebía	vivía
(nosotros/-as)	hablábamos	bebíamos	vivíamos
(vosotros/-as)	hablabais	bebíais	vivíais
(ellos/-as, ustedes)	hablaban	bebían	vivían

No imperfeito, todas as formas verbais são constituídas segundo esses três modelos. Há somente três verbos irregulares: ser (ser), ir (ir) e ver (ver).

ser	**ir**	**ver**
era	iba	veía
eras	ibas	veías
era	iba	veía
éramos	íbamos	veíamos
erais	ibais	veíais
eran	iban	veían

Uso

O imperfeito é empregado:
- para indicar hábitos e processos repetitivos no passado:
  Cuando era joven **fumaba** mucho. (Quando era jovem, fumava muito.)
- para descrição de coisas ou pessoas:
  De niña **se parecía** mucho a su madre. (Quando criança, parecia-se muito com sua mãe.)
- **B1** para ações que transcorram simultaneamente no passado:
  Mientras ellos **dormían**, yo **preparaba** el desayuno. (Enquanto eles dormiam, eu preparava o café da manhã.)
- **B2** para indicar ações ou pensamentos que foram interrompidos:
  En realidad **pensaba** ir al teatro. (Na realidade eu pensava em ir ao teatro.)
- **B1** para fazer um pedido:
  Buenos días, **quería** unas gafas de sol. (Bom dia, eu gostaria de ver óculos de sol.)

B1 ☼ Em espanhol, para expressar uma ação contínua, não limitada no tempo, emprega-se o imperfeito. Com o indefinido ou com o perfeito, descreve-se uma ação que será instaurada:
Hace un rato **estábamos** en la cafetería y allí nos **hemos enterado** de que mañana hay huelga.
(Há um tempo estávamos na cafeteria e ali soubemos que haverá greve amanhã.)

Indicativo

⚡ Alguns verbos alteram-se nitidamente se estiverem no imperfeito ou no indefinido:

Imperfeito → saber (saber): Lo **sabía**. (Eu sabia.)
Indefinido → saber (saber): Lo **supe** ayer. (Eu soube ontem.)
Imperfeito → conocer (conhecer): No lo **conocía**.
(Eu não o conhecia.)
Indefinido → conocer (conhecer): Lo **conocí** el otro día.
(Eu o conheci outro dia.)
Imperfeito → tener (ter): La familia **tenía** cinco niños.
(A família tinha cinco filhos.)
Indefinido → tener (ter): Anita **tuvo** una niña el fin de semana. (Anita teve uma menina no fim de semana.)

ℹ️ O perfeito pode apresentar a mesma mudança de significado que se tem no indefinido:
Sentido do perfeito → Lo **he sabido** hoy.
(Fiquei sabendo hoje.)
Sentido do indefinido → Lo **he sabido** toda mi vida.
(Eu soube durante toda a minha vida.)

8.2.4 Mais-que-perfeito `B1`

Formas

O mais-que-perfeito é formado com o imperfeito do verbo auxiliar haber e o particípio perfeito:

		hablar (falar)	beber (beber)	vivir (viver)
(yo)	**había**	habl**ado**	beb**ido**	viv**ido**
(tú)	**habías**	habl**ado**	beb**ido**	viv**ido**
(él, ella, usted)	**había**	habl**ado**	beb**ido**	viv**ido**
(nosotros/-as)	**habíamos**	habl**ado**	beb**ido**	viv**ido**
(vosotros/-as)	**habíais**	habl**ado**	beb**ido**	viv**ido**
(ellos/-as, ustedes)	**habían**	habl**ado**	beb**ido**	viv**ido**

Uso

☀ O mais-que-perfeito é empregado para ações ou acontecimentos que já se concluíram no passado:
Cuando la encontré, ya **había comprado** el piso.
(Quando a encontrei, já havia comprado o apartamento.)

8.3 Futuro

8.3.1 Futuro imperfeito

Formas

Formas regulares do futuro imperfeito:

	hablar (falar)	**beber** (beber)	**vivir** (viver)
(yo)	hablar**é**	beber**é**	vivir**é**
(tú)	hablar**ás**	beber**ás**	vivir**ás**
(él, ella, usted)	hablar**á**	beber**á**	vivir**á**
(nosotros/-as)	hablar**emos**	beber**emos**	vivir**emos**
(vosotros/-as)	hablar**éis**	beber**éis**	vivir**éis**
(ellos/-as, ustedes)	hablar**án**	beber**án**	vivir**án**

Em alguns verbos, há mudanças no radical ao flexioná-los para o futuro imperfeito:

Infinitivo	Radical do futuro	Verbo conjugado
decir (dizer)	dir-	dir**é**, dir**ás**, dir**á** …
hacer (fazer)	har-	har**é**, har**ás**, har**á** …
poder (poder)	podr-	podr**é**, podr**ás**, podr**á** …
querer (querer)	querr-	querr**é**, querr**ás**, querr**á** …
saber (saber)	sabr-	sabr**é**, sabr**ás**, sabr**á** …
salir (sair)	saldr-	saldr**é**, saldr**ás**, saldr**á** …
tener (ter)	tendr-	tendr**é**, tendr**ás**, tendr**á** …
venir (vir)	vendr-	vendr**é**, vendr**ás**, vendr**á** …

Indicativo

Uso

O futuro imperfeito é empregado para descrever processos ou ações que ainda irão acontecer:

Me **devolverá** el dinero en marzo. (Ele/Ela me devolverá o dinheiro em março.)

O futuro imperfeito é também empregado para expressar uma suposição:

Estará enfermo. (Ele talvez esteja doente.)

Uma ação futura também pode ser expressa com a perífrase ir a + infinitivo:

¿Qué **vas a hacer** mañana? (O que você vai fazer amanhã?)

8.3.2 Futuro perfeito

Formas

O futuro perfeito é formado com o futuro imperfeito do verbo auxiliar haber e o particípio perfeito:

		hablar (falar)	**beber** (beber)	**vivir** (viver)
(yo)	**habré**	hablado	bebido	vivido
(tú)	**habrás**	hablado	bebido	vivido
(él, ella, usted)	**habrá**	hablado	bebido	vivido
(nosotros/-as)	**habremos**	hablado	bebido	vivido
(vosotros/-as)	**habréis**	hablado	bebido	vivido
(ellos/-as, ustedes)	**habrán**	hablado	bebido	vivido

Uso

💡 O futuro perfeito é empregado para ações que devem estar concluídas quando se dá outra ação futura:
Cuando volvamos a vernos, ya **habré terminado** la carrera. (Quando voltarmos a nos ver, já terei terminado o curso.)

O futuro perfeito também pode expressar uma suposição no passado:
Habrá olvidado la cita. (Ele/Ela teria esquecido a reunião.)

8.4 Condicional

8.4.1 Condicional simples

Formas

Todas as conjugações têm as mesmas desinências, que são acrescentadas diretamente ao infinitivo:
-ía, -ías, -ía, -íamos, -íais, -ían.

	hablar (falar)	**beber** (beber)	**vivir** (viver)
(yo)	hablar**ía**	beber**ía**	vivir**ía**
(tú)	hablar**ías**	beber**ías**	vivir**ías**
(él, ella, usted)	hablar**ía**	beber**ía**	vivir**ía**
(nosotros/-as)	hablar**íamos**	beber**íamos**	vivir**íamos**
(vosotros/-as)	hablar**íais**	beber**íais**	vivir**íais**
(ellos/-as, ustedes)	hablar**ían**	beber**ían**	vivir**ían**

Indicativo

◐ Exceções:
No condicional, há alteração na raiz de alguns verbos:

Infinitivo	Raiz	Conjugado
decir (dizer)	dir-	diría, dirías, diría …
hacer (fazer)	har-	haría, harías, haría …
poder (poder)	podr-	podría, podrías, podría …
poner (pôr, posicionar)	pondr-	pondría, pondrías, pondría …
querer (querer)	querr-	querría, querrías, querría …
saber (saber)	sabr-	sabría, sabrías, sabría …
salir (sair)	saldr-	saldría, saldrías, saldría …
tener (ter)	tendr-	tendría, tendrías, tendría …
venir (vir)	vendr-	vendría, vendrías, vendría …

Uso

Emprega-se o condicional simples:

- para expressar um pedido ou desejo de modo mais cortês: **¿Podría cerrar la puerta?** (Poderia fechar a porta?) **Querría un kilo de uvas, por favor.** (Eu gostaria de um quilo de uvas, por favor.)
- para expressar uma suposição no passado: **Tendría cinco o seis años cuando nació mi hermanita.** (Eu teria cinco ou seis anos quando nasceu minha irmãzinha.)
- no discurso indireto (▸ ⑲):
  Juan me preguntó que cuándo volvería. (Juan me perguntou quando eu voltaria.)
- na oração principal de uma oração condicional que indica uma situação improvável. Na oração auxiliar ter-se-á o imperfeito do subjuntivo:
  Te prestaría el dinero si lo tuviera. (Eu lhe emprestaria o dinheiro se tivesse.)

8.4.2 Condicional perfeito

Formas

O condicional perfeito é composto com o condicional do verbo auxiliar haber e o particípio perfeito:

		hablar (falar)	**beber** (beber)	**vivir** (viver)
(yo)	**habría**	hablado	bebido	vivido
(tú)	**habrías**	hablado	bebido	vivido
(él, ella, usted)	**habría**	hablado	bebido	vivido
(nosotros/-as)	**habríamos**	hablado	bebido	vivido
(vosotros/-as)	**habríais**	hablado	bebido	vivido
(ellos/-as, ustedes)	**habrían**	hablado	bebido	vivido

Uso

Na oração principal de uma condicional que indica uma situação improvável, o condicional perfeito será usado quando uma ação não puder ser realizada. Na oração principal, em vez do condicional perfeito, também se pode usar o subjuntivo mais-que-perfeito. Na oração auxiliar, emprega-se sempre o subjuntivo mais-que-perfeito:

Si hubiera tenido dinero, **habría hecho** (hubiera hecho) el viaje. (Se eu tivesse dinheiro, teria feito a viagem.)

Olhando de perto 🔍

Indicativo

O indicativo é o modo da realidade. Com ele são descritos fatos no presente (presente), no passado (perfeito, indefinido, imperfeito, mais-que-perfeito) e no futuro (futuro perfeito e imperfeito).

Presente

No presente, descrevem-se processos ou ações no presente e planos fixos para o futuro.

☼ Em alguns verbos regulares, são acrescentadas ao radical do verbo as seguintes desinências:

hablar (falar): habl-**o**, **-as**, **-a**, **-amos**, **-áis**, **-an**
beber (beber): beb-**o**, **-es**, **-e**, **-emos**, **-éis**, **-en**
vivir (viver): viv-**o**, **-es**, **-e**, **-imos**, **-ís**, **-en**

◐ Exceções: Em alguns verbos, há uma mudança na vogal da raiz, quando a sílaba tônica estiver na raiz:
cerrar (fechar) (e → ie):
c**ie**rro, c**ie**rras, c**ie**rra, cerramos, cerráis, c**ie**rran.
Da mesma forma: empezar (iniciar) (e → ie), jugar (dormir) (o → ue), elegir (pedir) (e → i)

Em diversos verbos, apenas a 1ª pessoa do singular é irregular:
conocer (conhecer) → conozco, traer (trazer) → traigo

Perfeito

Com o perfeito são descritas ações ou acontecimentos que fazem referência ao presente, estando, porém, concluídas. O perfeito é formado com o presente do verbo auxiliar haber (he, has, ha, hemos, habéis, han) e o particípio perfeito do verbo principal (por exemplo, hablado, bebido, vivido: he hablado (eu falei), he bebido (eu bebi), he vivido (eu vivi).

⚡ O perfeito é formado exclusivamente com haber:
He trabajado mucho. (Trabalhei muito.)
He ido al cine. (Eu fui ao cinema.)

◑ Há alguns particípios irregulares, por exemplo, dicho (decir) (dizer), hecho (hacer) (fazer) etc.

Indefinido (passado histórico)
O indefinido é empregado para ações ou processos que se deram em um momento determinado no passado ou em um espaço de tempo já concluído.

Aos radicais dos verbos regulares são acrescentadas as terminações do indefinido:
hablar: habl-é, -aste, -ó, -amos, -asteis, -aron
comer e vivir: com-í, -iste, -ió, -imos, -isteis, -ieron

Em diversos verbos, há mudança do radical na flexão no indefinido. Eles têm todas as mesmas terminações, independentemente da conjugação a que pertencem, por exemplo: estar → estuve, tener → tuve etc.

Imperfeito
O imperfeito indica um estado ou um hábito e ações no passado que ainda não foram concluídas.
Nos verbos terminados em -ar, acrescentam-se ao radical do verbo as desinências -aba, -abas, -aba, -ábamos, -abais, -aban e, nos verbos terminados em -er ou -ir, as desinências -ía, -ías, -ía, -íamos, -íais, -ían. Todas as formas verbais no imperfeito seguem esses modelos.
Apenas três verbos são irregulares:
ser (ser), ir (ir) e ver (ver).

Mais-que-perfeito

O mais-que-perfeito é formado com o imperfeito de haber e o particípio perfeito:
Habíamos hablado. (Tínhamos falado.)
☼ O mais-que-perfeito é empregado em espanhol de modo semelhante ao português.

Futuro

Com o futuro imperfeito, são descritos os processos ou ações que se darão no futuro.
As formas regulares do futuro imperfeito são formadas acrescentando-se ao infinitivo as desinências: -é, -ás, -á, -emos, -éis, -án.
Hablaremos mañana. (Falaremos amanhã.)

Alguns verbos sofrem alterações na raiz na flexão no futuro. No entanto, as desinências são regulares: decir (dizer) → diré, poder (poder) → podré, venir (vir) → vendré.

O futuro perfeito é formado com o futuro imperfeito do verbo haber e o particípio perfeito do verbo principal. Ele descreve ações já encerradas quando se dá outra ação, futura:
Cuando volvamos a vernos, ya **habré terminado** la carrera. (Quando voltarmos a nos ver, terei terminado o curso.)

❶ O futuro perfeito também pode expressar uma suposição no passado:
Habrá olvidado la cita. (Deve ter-se esquecido da reunião.)

Condicional

O condicional simples é formado acrescentando-se ao infinitivo as desinências -ía, -ías, -ía, -íamos, -íais, -ían.

🔸 Como no futuro imperfeito, alguns verbos apresentam alterações na raiz na flexão no condicional:
decir → diría, hacer → haría etc.

O condicional simples é empregado para expressar um pedido formal, um desejo ou uma suposição no passado. É igualmente empregado no discurso indireto e na oração principal de uma oração condicional que apresenta uma situação improvável.

Te **prestaría** el dinero si lo tuviera. (Eu lhe emprestaria o dinheiro se tivesse.)

O condicional perfeito é formado com o condicional do verbo auxiliar haber e o particípio perfeito do verbo principal.

☼ O condicional perfeito é usado na oração principal de uma oração condicional que descreve uma situação improvável quando a ação correspondente não puder ser realizada:
Si hubiera tenido dinero, **habría hecho** el viaje. (Se eu tivesse dinheiro, teria feito a viagem.)

El subjuntivo

9 Subjuntivo

9.1 Presente do subjuntivo

Formas

O presente do subjuntivo deriva do presente do indicativo: **habl**o, **beb**o, **viv**o.

	hablar (falar)	beber (beber)	vivir (viver)
(yo)	habl**e**	beb**a**	viv**a**
(tú)	habl**es**	beb**as**	viv**as**
(él, ella, usted)	habl**e**	beb**a**	viv**a**
(nosotros/-as)	habl**emos**	beb**amos**	viv**amos**
(vosotros/-as)	habl**éis**	beb**áis**	viv**áis**
(ellos/-as, ustedes)	habl**en**	beb**an**	viv**an**

◗ Exceções:
No subjuntivo ocorrem as mesmas mudanças de vogal do radical que se tem no indicativo (▶ 8): e → i, o → ue, u → ue.

⚡ Deve-se prestar atenção aos verbos terminados em -ir cujo radical contiver as vogais e e o. Esses verbos, na 1ª e na 2ª pessoa do plural, sofrem alteração vocálica na raiz, e o -e- (no presente do indicativo) passa a ser -i- (no presente do subjuntivo) e, da mesma forma, o -o- passa a ser -u-:

pedir (pedir)		sentir (sentir, lamentar)		dormir (dormir)	
Presente do indicativo	Presente do subjuntivo	Presente do indicativo	Presente do subjuntivo	Presente do indicativo	Presente do subjuntivo
pido	pida	siento	sienta	duermo	duerma
pides	pidas	sientes	sientas	duermes	duermas
pide	pida	siente	sienta	duerme	duerma
pedimos	pidamos	sentimos	sintamos	dormimos	durmamos
pedís	pidáis	sentís	sintáis	dormís	durmáis
piden	pidan	sienten	sientan	duermen	duerman

Subjuntivo

⚡ Os verbos que no presente do indicativo têm a 1ª pessoa do singular irregular apresentam, no presente do subjuntivo, irregularidade em todas as pessoas (▶ 8.1).

9.2 Passado do subjuntivo

9.2.1 Imperfeito do subjuntivo

Formas

💡 O imperfeito do subjuntivo é derivado da 3ª pessoa do plural do indefinido: **habla**ron, **bebie**ron, **vivie**ron. A essa raiz acrescentam-se as desinências. ❶ As terminações em -ra e -se podem ser empregadas de modo alternativo.

	hablar (falar)	beber (beber)	vivir (viver)
(yo)	hablara/-se	bebiera/-se	viviera/-se
(tú)	hablaras/-ses	bebieras/-ses	vivieras/-ses
(él, ella, usted)	hablara/-se	bebiera/-se	viviera/-se
(nosotros/-as)	habláramos/-semos	bebiéramos/-semos	viviéramos/-semos
(vosotros/-as)	hablarais/-seis	bebierais/-seis	vivierais/-seis
(ellos/-as, ustedes)	hablaran/-sen	bebieran/-sen	vivieran/-sen

9.2.2 Perfeito do subjuntivo

Formas

O perfeito do subjuntivo é formado com o presente do subjuntivo de haber mais o particípio perfeito.

Subjuntivo

		hablar (falar)	beber (beber)	vivir (viver)
(yo)	**haya**	hablado	bebido	vivido
(tú)	**hayas**	hablado	bebido	vivido
(él, ella, usted)	**haya**	hablado	bebido	vivido
(nosotros/-as)	**hayamos**	hablado	bebido	vivido
(vosotros/-as)	**hayáis**	hablado	bebido	vivido
(ellos/-as, ustedes)	**hayan**	hablado	bebido	vivido

9.2.3 Mais-que-perfeito do subjuntivo B2

Formas

O mais-que-perfeito do subjuntivo é formado com o imperfeito do subjuntivo de haber e o particípio perfeito do verbo principal:

		hablar (falar)	beber (beber)	vivir (viver)
(yo)	**hubiera/-se**	hablado	bebido	vivido
(tú)	**hubieras/-ses**	hablado	bebido	vivido
(él, ella, usted)	**hubiera/-se**	hablado	bebido	vivido
(nosotros/-as)	**hubiéramos/ -semos**	hablado	bebido	vivido
(vosotros/-as)	**hubierais/-seis**	hablado	bebido	vivido
(ellos/-as, ustedes)	**hubieran/-sen**	hablado	bebido	vivido

9.3 Uso do subjuntivo

➡ Enquanto as ações ou estados indicados pelo modo indicativo são fatos objetivos, o subjuntivo expressa atitudes subjetivas. Nesse modo, os enunciados remetem à atitude pessoal de quem enuncia.

☼ O subjuntivo pode ser empregado em orações principais para expressar suposições.

Quizás **tengas** razón. (Talvez você tenha razão.)
Quizás **esté** enfermo. (Talvez ele esteja doente.)
Posiblemente no **haya pasado** el examen.
(É possível que ele/ela não tenha passado na prova.)

❶ Dependendo do grau de verossimilhança, quizás também pode ser usado com verbos no modo indicativo:
Quizás **tienes** razón. (Talvez você tenha razão.)

B2 O subjuntivo é empregado também em orações independentes para expressar desejos ou esperanças:

¡Que te mejores!	Estimo as melhoras!
¡Que aproveche!	Bom apetite!
¡Que te diviertas!	Divirta-se!
¡Ojalá que nos veamos pronto!	Que possamos nos ver em breve!

☼ Em caso contrário, o subjuntivo é empregado quase sempre em orações auxiliares, sendo inserido após a conjunção que:

- com verbos que externem vontade (por exemplo, ordem, convite, proibição etc.):
  Queremos que nos **ayuden**. (Queremos que nos ajudem.)
  Te propongo que **hagamos** el trabajo juntos.
  (Proponho que façamos o trabalho juntos.)
- com verbos que externem sentimento (por exemplo, alegria, medo, lamento etc.):
  Siento mucho que no **puedas** acompañarme. (Sinto muito que você não possa me acompanhar.)
  Sus padres se alegran de que no **se vaya** al extranjero.
  (Seus pais estão felizes porque ele não vai viajar para fora.)
- com uma atitude pessoal negada (por exemplo, verbos que expressem enunciado, pensamento, crença etc.):

Subjuntivo

No digo que **tengas** razón. (Não digo que você tenha razão.)

No creemos que **sea** capaz de hacerlo. (Não cremos que ele seja capaz de fazer isso.)

- com certas expressões impessoais que contenham uma atitude pessoal:

Es importante que **habléis** con ellos. (É importante que falem com eles.)

Es posible que no **estén** en casa. (É possível que não estejam em casa.)

Algumas conjunções exigem o subjuntivo:

para que (para que)	B2 antes de que (antes que)
B2 sin que (sem que)	B2 a no ser que (a não ser que)
B2 en caso de que (que caso)	
B1 mientras (enquanto)	B2 con tal (de) que (desde que)

Te lo digo para que **estés preparada**. (Eu lhe digo para que esteja preparada.)

Antes de que **venga** tenemos que arreglar su habitación. (Antes que venha, temos de pôr sua casa em ordem.)

↢ Após cuando (quando), después de que (depois que), aunque (ainda que, mesmo que) e hasta que (até que), pode-se usar o subjuntivo ou o indicativo. Se uma ação já tiver transcorrido ou se ela for um hábito, emprega-se o indicativo. Se expressar um momento no tempo indeterminado no futuro, usa-se o subjuntivo: B2

Cuando llegó **fui** a buscarla.
(Quando chegou, fui buscá-la.)
Cuando llegue **iré** a buscarla.
(Quando chegar, vou buscá-la.)

Subjuntivo

B2 Em orações condicionais, o subjuntivo é usado na oração subordinada, quando a condição não for satisfeita. Se ele se referir à oração condicional no presente ou no futuro, será empregado o imperfeito do subjuntivo; se se referir ao passado, será empregado o mais-que-perfeito do subjuntivo:

Si no **lloviera,** daríamos un paseo. (Se não chovesse, daríamos um passeio.)
Si no **hubiera llovido,** habríamos dado un paseo.
(Se não tivesse chovido, teríamos dado um passeio.)

B2 O subjuntivo é empregado em orações relativas que contenham uma condição ou um desejo:
Quiero hacer un viaje que no **dure** más de dos semanas.
(Quero fazer uma viagem que não dure mais do que duas semanas.)
Buscamos un hotel que **esté** en el centro. (Procuramos um hotel que esteja no centro.)

Olhando de perto 🔍

Subjuntivo

O subjuntivo expressa uma atitude do falante (subjetiva), ao contrário do modo indicativo:
No creo que **tengas** razón. (Não creio que você tenha razão.)

☀ O modo subjuntivo aparece principalmente em orações subordinadas e após determinadas expressões, por exemplo, quizás (talvez), ojalá (tomara que) etc., bem como após a conjunção que em orações que expressem desejo e expressões impessoais:
Quizás **vengan** los chicos. (Talvez venham os garotos.)
¡Que te **mejores**! (Melhoras!)
Es imposible que **llegues** a tiempo. (É impossível que você chegue a tempo.)

Presente do subjuntivo
☀ As formas do presente do subjuntivo são derivadas do presente do indicativo.
Verbos regulares e irregulares em -ar recebem as desinências -e, -es, -e, -emos, -éis, -en; e os verbos terminados em -er e -ir, as desinências -a, -as, -a, -amos, -áis, -an.

hablar	→ habl	-e/-es/-e/-emos/-éis/-en
comer	→ com	-a/-as/-a/-amos/-áis/-an
vivir	→ viv	-a/-as/-a/-amos/-áis/-an
cerrar	→ cierr	-e/-es/-e/-emos/-éis/-en
venir	→ veng	-a/-as/-a/-amos/-áis/-an

Nos verbos terminados em -ar e -er, ocorrem as mesmas mudanças vocálicas no radical no subjuntivo e no indicativo.

Imperfeito do subjuntivo
☼ O imperfeito do subjuntivo de todos os verbos é derivado da 3ª pessoa do plural do indefinido, acrescentando-se a essa forma as desinências do subjuntivo:
tuvieron → tuviera, tuvieras, tuviera, tuviéramos, tuvierais, tuviera.

Perfeito do subjuntivo
O perfeito do subjuntivo é formado com o presente do subjuntivo do verbo auxiliar haber (ter) (haya, hayas, haya, hayamos, hayáis, hayan) e o particípio perfeito do verbo principal:
Quizá **haya hablado**. (Talvez ele tenha falado.)

Mais-que-perfeito do subjuntivo
O mais-que-perfeito do subjuntivo é formado com o imperfeito do subjuntivo do verbo auxiliar haber (hubiera, hubieras, hubiera, hubiéramos, hubierais, hubieran) e o particípio perfeito do verbo principal:
Yo no **hubiera ido**. (Eu não teria ido.)

O subjuntivo nas orações condicionais
Em orações condicionais, o subjuntivo é usado na oração condicional:
Si **tuviera** dinero, haría un viaje. (Se eu tivesse dinheiro, faria uma viagem.)
Si **hubiera tenido tiempo**, habría hecho un viaje. (Se eu tivesse tempo, teria feito uma viagem.)

⚡ O subjuntivo é empregado também em orações relativas, que expressem uma condição ou um desejo:
Buscamos **un hotel que esté** en el centro. (Procuramos um hotel que esteja no centro.)

El imperativo

10 Imperativo

Formas

As formas regulares do imperativo seguem os modelos abaixo:

	hablar (falar)	**beber** (beber)	**escribir** (escrever)
(tú)	¡habla!	¡bebe!	¡escribe!
(usted)	¡hable!	¡beba!	¡escriba!
(nosotros/-as)	¡hablemos!	¡bebamos!	¡escribamos!
(vosotros/-as)	¡hablad!	¡bebed!	¡escribid!
(ustedes)	¡hablen!	¡beban!	¡escriban!

☼ Apenas a 2ª pessoa do singular e a do plural têm a sua própria forma imperativa. Para as outras pessoas, empregam-se formas iguais ao presente do subjuntivo.
Isso vale também para todas as pessoas do imperativo negativo: ¡no hables!, ¡no hable!, ¡no hablemos!, ¡no habléis!, ¡no hablen! (▷ 9).

Os verbos que apresentam mudança vocálica no presente (tanto do indicativo quanto do subjuntivo) também a apresentam no imperativo, nas mesmas pessoas:

pensar (pensar) → ¡piensa!, ¡piense!, ¡pensemos!, ¡pensad!, ¡piensen!
volver (voltar) → ¡vuelve!, ¡vuelva!, ¡volvamos!, ¡volved!, ¡vuelvan!

Nos verbos a seguir, o imperativo da 2ª pessoa do singular é irregular:

decir	(dizer)	→	¡di!
hacer	(fazer)	→	¡haz!
ir	(ir, andar, voar)	→	¡ve!
poner	(pôr, posicionar)	→	¡pon!

Imperativo

salir	(sair)	→	¡sal!
ser	(ser)	→	¡sé!
tener	(ter)	→	¡ten!
venir	(vir)	→	¡ven!

As formas polidas irregulares, bem como as formas da 1ª pessoa do plural, apresentam as mesmas irregularidades do subjuntivo:

	decir (dizer)	hacer (fazer)
(tú)	¡di!	¡haz!
(usted)	¡diga!	¡haga!
(nosotros/-as)	¡digamos!	¡hagamos!
(vosotros/-as)	¡decid!	¡haced!
(ustedes)	¡digan!	¡hagan!

Uso

O imperativo é usado, sobretudo, para solicitações, conselhos e convites.

B1 ⚡ Os pronomes reflexivos são justapostos ao verbo no imperativo afirmativo (▷ ⑥). Na 1ª pessoa do plural, elide-se o -s da desinência do imperativo, enquanto na 2ª pessoa do plural elide-se o -d:
Sentemos + nos → ¡Sentémo**nos**! (Sentemo-nos!)
Esconded + os → ¡Esconde**os**! (Esconde-os!)

↢ Em espanhol raramente se emprega o infinitivo como imperativo: ¡Levantaos! (Levanta-os!). Na linguagem coloquial familiar, no entanto, o infinitivo por vezes é empregado com a preposição a anteposta:
Por favor, **¡a comer!** (Por favor, comam!)

> **El infinitivo**

11) Infinitivo

💡 O infinitivo é a forma básica do verbo e é invariável: hablar (falar), beber (beber), vivir (viver).

Uso

ℹ️ Em espanhol, o infinitivo aparece frequentemente em perífrases verbais e, além disso, pode abreviar orações subordinadas.

A maioria das perífrases verbais expressa o início ou o final de uma ação:

A1 ir a	+ infinitivo	fazer algo
A1 acabar de	+ infinitivo	acabar de fazer alguma coisa
B2 acabar por	+ infinitivo	finalmente começar alguma coisa, pôr-se a
ponerse a	+ infinitivo	fazer algo
B2 no tardar en	+ infinitivo	fazer logo alguma coisa
B2 llegar a	+ infinitivo	chegar a fazer alguma coisa

O infinitivo pode abreviar diferentes tipos de orações subordinadas:

- al + infinitivo serve para abreviar uma oração temporal de simultaneidade:
  Al bajar la escalera, me caí. (Quando desci a escada, caí.)
- antes de, después + infinitivo também serve para abreviar uma oração temporal: **A2**
  Antes de ir al trabajo, Javier lee siempre el periódico. (Antes de ir ao trabalho, Javier sempre lê o jornal.)
  Por hablar tan alto has despertado a todo el mundo. **B2** (Por falar tão alto, você acordou todo mundo.)

12 Participio

Formas

hablar (falar)	beber (beber)	vivir (viver)
hab**lado**	beb**ido**	viv**ido**

◐ Alguns verbos têm particípio irregular:

abrir	abrir	→	abierto	aberto
decir	dizer	→	dicho	dito
escribir	escrever	→	escrito	escrito
hacer	fazer	→	hecho	feito
poner	pôr, posicionar	→	puesto	posto
ver	ver	→	visto	visto
volver	voltar	→	vuelto	voltado

Uso

O particípio perfeito é empregado nos seguintes casos:
- Com o verbo auxiliar haber para a formação dos tempos compostos. O particípio é invariável:
  Hemos **trabajado** todo el día. (Trabalhamos o dia inteiro.)
- Com o verbo auxiliar ser em locuções verbais na voz passiva. ⚡ O particípio varia em gênero e número:
  La ciudad fue **fundada** hace 200 años. (A cidade foi fundada há 200 anos.)
- Com o verbo auxiliar estar em locuções verbais na voz passiva. ⚡ O particípio varia em gênero e número:
  La puerta está **cerrada**. (A porta está fechada.)
  El banco está **cerrado**. (O banco está fechado.)

13. Gerúndio

ℹ️ O gerúndio espanhol é invariável, como em português.

Formas

hablar (falar)	beber (beber)	vivir (viver)
hablando	bebiendo	viviendo

🌓 Exceções:
Em todos os verbos terminados em -ir nos quais, no presente do indicativo, a vogal do radical -e- se converte em -ie- ou em -i-, no gerúndio o -e- igualmente se converte em -i-:

pedir (pedir)	→	pidiendo
sentir (sentir)	→	sintiendo

Os verbos poder, dormir e morir têm no gerúndio a vogal -u- no radical:

poder (poder)	→	pudiendo
dormir (dormir)	→	durmiendo
morir (morrer)	→	muriendo

Nos verbos terminados em -er e -ir que, no infinitivo, houver duas vogais em sucessão direta, substituir-se-á o -i- da desinência por um -y-:

construir (construir)	→	construyendo
creer (acreditar, crer)	→	creyendo

Uso

💡 Assim como o infinitivo, o gerúndio também aparece em perífrases verbais para expressar o início ou o fim de uma ação em curso.

Gerúndio

estar	+ gerúndio	estar fazendo alguma coisa
seguir	+ gerúndio	continuar fazendo alguma coisa
llevar	+ gerúndio	estar fazendo alguma coisa há algum tempo
empezar	+ gerúndio	começar a fazer alguma coisa
acabar	+ gerúndio	finalmente fazer alguma coisa

Cuando llegamos estaban **desayunando**. (Quando chegamos, estavam tomando café da manhã.)
Teresa lleva ya ocho años **viviendo** en el Perú. (Teresa está já há oito anos vivendo no Peru.)
Acabaron **aceptando** la nueva situación. (Acabaram aceitando a nova situação.)

O gerúndio serve também para a abreviação de orações auxiliares. Ele abrevia:

- B2 • uma oração modal:
  Cogiendo su bolso, se marchó. (Tomando sua bolsa, foi-se.)
- B2 • uma oração temporal:
  Saliendo de la estación, encontré a tu hermano. (Saindo da estação, encontrei seu irmão.)
- B2 • uma oração condicional:
  Llegando un poco antes, podrás cenar con nosotros. (Chegando um pouco mais cedo, você poderá jantar conosco.)
- B2 • uma oração concessiva com a conjunção aun:
  Aun **creyendo** su historia, no podría hacer nada por él. (Mesmo acreditando em sua história, não poderia fazer nada por ele.)

La voz pasiva

(14) Voz passiva

❶ Em espanhol, a voz passiva é empregada, sobretudo, na linguagem escrita formal. Serve para enfatizar o objeto de uma ação.

Formas
Na voz passiva, diferencia-se processo de estado:

Voz passiva de processo Presente de *invitar* (eu sou convidado/a)	Voz passiva de estado Presente de *invitar* (eu estou convidado/a)
soy invitado/-a eres invitado/-a es invitado/-a somos invitados/-as sois invitados/-as son invitados/-as	estoy invitado/-a estás invitado/-a está invitado/-a estamos invitados/-as estáis invitados/-as están invitados/-as

☀ A voz passiva é formada com os verbos auxiliares ser ou estar e o particípio perfeito do verbo principal, concordando em gênero e número com o sujeito da oração:
La casa **fue construida** por mi abuelo. (A casa foi construída por meu avô.)

Uso
O agente da passiva é o verbo, e o sujeito paciente recebe a ação expressa pelo verbo:
El libro será publicado en diciembre. (O livro será publicado em dezembro.)
Quando o agente da passiva deve ser mencionado, emprega-se a preposição por:
El libro será publicado **por una gran editorial**. (O livro será publicado por uma grande editora.)

Voz passiva

⚡ A voz passiva raramente aparece na linguagem corrente da língua espanhola. Frequentemente é substituída por uma forma reflexiva na 3ª pessoa do singular ou do plural ou também por construções impessoais, por meio do sujeito indeterminado (▷ 7.4):

Las patatas **se cortan** en rodajas finas. (As batatas são cortadas em rodelas finas.)

El coche no **se ha vendido** todavía. (O carro ainda não foi vendido.)

Robaron a los turistas. (Roubaram os turistas.)

Olhando de perto

Imperativo

Para o imperativo são empregadas as formas correspondentes do subjuntivo presente. 🔊 Exceções são as formas imperativas afirmativas da 2ª pessoa do singular e do plural. A forma da 2ª pessoa do plural é constituída pela substituição do -r da forma infinitiva por -d: hablar (falar) → ¡Habla! (Fala!). Alguns verbos apresentam irregularidade na 2ª pessoa do singular: decir (dizer) → ¡di!, poner (pôr) → ¡pon!

Infinitivo

O infinitivo é a forma básica do verbo e no espanhol frequentemente aparece em perífrases verbais e como abreviações de orações auxiliares:
- Voy a **comer**. (Vou comer.)
- Empezó a trabajar después de **terminar** el estudio. (Ele começou a trabalhar depois de ter terminado o curso.)

Particípio perfeito

Existem as seguintes formas regulares do particípio: hablar → hablado (falado), comer → comido (comido), vivir → vivido (vivido).
🔊 As formas irregulares são:
decir → dicho (dito), volver → vuelto (retornado).
O particípio perfeito é empregado com o verbo auxiliar haber para formar tempos compostos:

He hablado con ella. (Falei com ela.)
O particípio é empregado juntamente com o verbo estar para descrever estados:
La casa está vendida. (A casa foi vendida.)

Gerúndio

As formas irregulares são constituídas acrescentando-se a terminação -ando ou -iendo ao radical do verbo:
hablar → hablando, beber → bebiendo.

❶ O gerúndio espanhol é empregado em perífrases verbais e, tal como no infinitivo, para abreviar orações auxiliares:
- ¡Espera! Estoy telefoneando. (Espere! Estou telefonando.)
- Yo he aprendido alemán hablando con amigos. (Aprendi alemão falando com amigos.)

A voz passiva

A voz passiva raramente aparece na linguagem corrente em espanhol. Na maioria das vezes é substituída por uma forma verbal reflexiva na 3ª pessoa do singular ou do plural:
Los libros **son vendidos**. → Estos libros **se venden** bien. (Estes livros vendem bem.)
Quando é o caso de não nomear o agente de uma ação, usa-se com frequência a 3ª pessoa do plural:
Me **han** robado la cartera. (Roubaram-me a carteira).

La preposición

15) Preposição A1

☼ Preposições são invariáveis. Caracterizam, por exemplo, relações temporais ou espaciais entre pessoas e objetos.

Em espanhol, as preposições mais frequentes são:

a (a, para)	hace (para)
con (com)	hasta (até)
de (de, a partir de)	para (para)
desde (desde, de ... a)	por (por, em razão)
en (em)	sin (sem)
entre (entre)	sobre (sobre)

Formas e uso
A preposição a é usada para:

- direção: Este año vamos a ir a España. (Este ano vamos à Espanha.)
- distância: El hotel está a 500 metros de la estación. (O hotel fica a 500 metros da estação.)
- horários: La clase termina a las tres y media. (A aula termina às três e meia.)
- frequência: Tenemos clases dos veces a la semana. (Temos aula duas vezes por semana.)
- diante de objeto indireto: Voy a regalarle el cuadro a mi hermana. (Vou dar o quadro de presente para minha irmã.)
- diante de objeto direto, quando se trata de uma pessoa: He visto a Juan. (Vi/Encontrei Juan.)

> Preposição

Em espanhol, para posição ou para objetivo de movimento usam-se a ou en:
- Local sem direcionamento: **Estamos en la ciudad.**
(Estamos na cidade.)

- Com direcionamento: **Vamos a la ciudad.**
(Vamos à cidade.)

A preposição de é usada para:

- origem: **El tren viene de Barcelona.** (O trem vem de Barcelona.) **Mi marido es de Grecia.** (Meu marido é da Grécia.)
- posse: **Este coche es de mi vecina.** (Este carro é da minha vizinha.)
- material: **Mi hermano solo lleva camisas de seda.** (Meu irmão só veste camisas de seda.)
- quantidade, medida ou enumeração: **Para este plato necesitas un kilo de tomates.** (Para este prato é necessário um quilo de tomates.)
- espaço de tempo (de ... a): **Trabajo de lunes a jueves.** (Trabalho de segunda a quinta.)

❶ Com a preposição de também é possível compor diferentes expressões, tendo em vista um conceito: **La clase de francés es siempre muy interesante.** (A aula de francês é sempre muito interessante.)

A preposição con é usada para:

- indicar acompanhamento ou circunstâncias: **Voy a hacer un viaje con mi hija.** (Vou fazer uma viagem com minha filha.)
Con este tiempo es mejor quedarse en casa. (Com este tempo é melhor ficar em casa.)
- meio ou modalidade e tipo: **Lo ha hecho con mucho amor.** (Foi feito com muito amor.)

Preposição

A preposição desde é usada para:

- lugar: **Desde mi ventana puedo ver toda la ciudad.** (Da minha janela posso ver a cidade inteira.)
- tempo: **Desde las once de la mañana no he comido nada.** (Desde as onze da manhã não comi nada.)

☼ Desde caracteriza um instante concreto, enquanto desde hace indica o tempo transcorrido. Após desde hace vem sempre um numeral ou um pronome indefinido:

- momento no tempo: **Desde marzo no he vuelto a hablar con ellos.** (Desde março não voltei a falar com eles.)
- Espaço de tempo: Belén estudia inglés **desde hace tres años.** (Belén estuda inglês há três anos.)

A preposição en é usada para:

- lugar: **En esta ciudad hay cuatro museos.** (Nesta cidade há quatro museus.)
- indicações de tempo: **En octubre empiezo con mi nuevo trabajo.** (Em outubro começo em meu novo trabalho.)
- ⚡ Meio de transporte: Ir **en** tren es muy cómodo. (Ir de trem é muito cômodo.)
- da mesma forma: **en** coche (de carro), **en** avión (de avião), **en** bicicleta (de bicicleta).
  ◐ mas: a pie (a pé), a B1 caballo (a cavalo)

A preposição entre é usada para:

- significado temporal: **Entre la una y las cuatro está todo cerrado.** (Entre uma e quatro horas da tarde está tudo fechado.)
- significado espacial: El banco está **entre** el teatro y el museo. (O banco fica entre o teatro e o museu.)

Preposição

A2 A preposição hacia é usada para:

> ☼ indicar direção ou destino:
> Vamos **hacia** el sur de España. (Vamos para o sul da Espanha.)

A preposição hasta é usada para:

- significado espacial: **Hasta** Madrid son 400 kilómetros. (Até Madri são 400 quilômetros.)
- significado temporal: Julio trabaja **hasta** las seis y media. (Julio trabalha até as seis e meia.)

A preposição para é usada para:

- especificação ou finalidade: Estos libros son **para** mi cuñado. (Estes livros são para meu cunhado.)
- destinação: El tren **para** Bilbao tiene veinte minutos de retraso. (O trem para Bilbao está com vinte minutos de atraso.)
- momento de tempo específico no futuro, prazo: Hemos **B1** pospuesto la reunión **para** mañana. (Adiamos a reunião para amanhã.) Hemos **A2** quedado **para** el viernes. (Vamos nos encontrar na sexta-feira.)
- expressar uma intenção em uma oração no infinitivo: Estoy **A2** aprendiendo español **para** estudiar en España. (Estou aprendendo espanhol para estudar na Espanha.)

Preposição

A preposição por é usada para:

- causa, motivo: **Todo esto lo ha hecho por ella.** (Ele fez tudo isso por ela.)
- preço, contrapartida: **Han pagado demasiado por esta casa.** (Pagaram muito por esta casa.)
- localização imprecisa: **No hay ningún restaurante por aquí.** (Não há nenhum restaurante por aqui.)
- indicação de tempo de caráter geral, dias da semana: **por la mañana** (pela/de manhã), **por la tarde** (pela/à tarde), **por la noche** (pela/à noite).
- **B2** agente da passiva: **"Cien años de soledad" fue escrita por García Márquez.** ("Cem anos de solidão" foi escrito por García Márquez.)

☼ Para pode ser traduzido por por ou para. Atente à diferença: por caracteriza a causa ou o motivo; para, a especificação ou o fim: Ella lo hace solo **por** dinero. (Ela o faz apenas pelo dinheiro.) Ella lo hace **para** sus hermanos. (Ela o faz **para** seus irmãos.)

La conjunción

16 Conjunção

☀ Conjunções são invariáveis. Elas ligam partes de uma oração ou orações inteiras. Diferenciam-se em conjunções coordenativas e conjunções subordinativas.

16.1 Conjunção coordenativa

☀ As conjunções coordenativas ligam orações ou partes de oração de mesmo estatuto.
As principais são:

y	e
sino	mas
ni	e não, nem, tampouco
(ni) … ni	nem … nem
o	ou
pero	mas
(o) … o	ou … ou
aunque	ainda que

No hay **ni** piscina **ni** restaurante. (Não há nem piscina, nem restaurante.)
Estamos invitados a la fiesta **pero** no vamos a ir. (Estamos convidados para a festa, mas não vamos.)
Vamos a Grecia **o** nos quedamos en casa. (Vamos à Grécia ou ficamos em casa.)

16.2 Conjunção subordinativa

☀ As conjunções subordinativas introduzem orações subordinadas. Após algumas conjunções, deve-se inserir o subjuntivo (▷ 9.3).

Conjunção

Que é uma das conjunções subordinativas mais frequentes. Ela introduz uma oração auxiliar, que pode ser o sujeito, o objeto direto ou um complemento preposicional da oração principal:
Creo **que** va a llover. (Acho que vai chover.)
Es probable **que** Rosa consiga el trabajo. (É provável que Rosa consiga o trabalho.)
Madrid es una ciudad en la **que** hay mucha vida nocturna. (Madri é uma cidade em que há muita vida noturna.)

16.3 Outras conjunções

⚡ Algumas conjunções exigem o indicativo, e outras, o subjuntivo.

- conjunções temporais:

cuando	quando
antes de que	antes que
después de que	depois que
hasta que	até que
mientras	enquanto

Cuando llegó ya habíamos terminado la cena. (Quando chegou, já havíamos terminado o jantar.)
Cuando me levanto pongo la radio. (Quando eu me levanto, ligo o rádio.)
B1 Cierra las ventanas **antes de que** te vayas.
(Feche as janelas antes de sair.)
B1 Voy a esperar **hasta que** sepa algo concreto.
(Vou esperar até saber algo concreto.)

Conjunção

- conjunções causais:

A1 porque	porque, uma vez que, pois
B1 como	como, porque, uma vez que
B1 pues	pois
B2 puesto que	uma vez que, pois

No puedo ir contigo **porque** no tengo tiempo. (Não posso ir com você, pois não tenho tempo.)
Carlos no va a quedarse mucho tiempo **pues** tiene que levantarse temprano. (Carlos não vai ficar muito tempo, pois tem de levantar cedo.)

B2 • conjunções consecutivas:

de modo que	de modo que
de manera que	de modo que

El pone siempre su reloj a las seis, **de manera que** tiene tiempo para desayunar. (Ele põe o relógio sempre para as seis, de modo que tenha tempo de tomar o café da manhã.)

B2 • conjunções de fim:

para que	para que, para assim
a fin de que	a fim de que

Ponte el impermeable **para que** no te mojes. (Ponha a capa de chuva, para que não se molhe.)
⚡ Orações finalistas sempre exigem o subjuntivo.

- conjunções concessivas:

aunque	ainda que, mesmo que
B1 a pesar de que	ainda que, apesar de que

Conjunção

Vamos a comprar la casa aunque es bastante cara.
(Vamos comprar a casa, ainda que esteja bastante cara.)
⚡ A depender do significado, aunque rege verbos no modo indicativo (ainda que) ou subjuntivo (mesmo que).
Aunque estudie no pasaré el examen. (Ainda que eu estude, não vou passar na prova.)

• conjunções condicionais:

si	se
en caso (de) que	caso
a condición de que	sob a condição de que

Si no puedes traerme el libro, yo iré a buscarlo. (Se você não puder me trazer o livro, irei buscá-lo.)
⚡ En caso (de) que e a condición de que regem o subjuntivo.
⚡ Em orações subordinadas, depois de si (se), usa-se o subjuntivo imperfeito ou o subjuntivo mais-que-perfeito (▷ 9.2).

• conjunções modais:

como	como
como si	como se

Lo hicimos como habíamos acordado. (Fizemos como tínhamos combinado.)
⚡ Como si rege o subjuntivo imperfeito ou o subjuntivo mais-que-perfeito.

El orden de las palabras en la oración

A1 · 17 · Posição dos termos na oração

Assim como em português, em espanhol a posição dos termos na oração é bastante livre. ☼ Porém, normalmente, a ordem dos termos é sujeito-verbo-objeto (S-V-O).

17.1 Oração afirmativa

Algumas variações da estrutura S-V-O são:

- Orações sem objeto (no caso de verbos intransitivos):

sujeito	+	verbo	+	complemento
Daniela		vive		en Quito.
Daniela		vive		em Quito.

- Orações com um ou dois objetos (no caso de verbos transitivos):
(☼ O objeto aparece antes ou depois do verbo.)

sujeito	+	verbo	+	objeto direto
Carmen		compra		el vino
Carmen		compra		o vinho.

objeto direto	+ pronome objeto	+ verbo	+ sujeito
El vino	lo	compra	Carmen.
O vinho		compra	Carmen.

sujeito	+ pronome objeto	+ verbo	+ objeto direto	+ objeto indireto
La cangura	le	da	el desayuno	a la niña.
A babá		dá	o café da manhã	à menina

⚡ Deve-se atentar para esse padrão de oração quando o objeto é duplicado por um pronome. (▷ ⑥).

> Posição dos termos na oração

Assim como em português, em espanhol, verbos referentes a condições climáticas e construções impessoais não têm sujeito (▶ 7.4):
Hace sol. (Faz sol.)

⚡ Em espanhol, a informação a ser enfatizada não raro aparece ao final do enunciado:

Indicação de tempo	+ verbo +	sujeito
En 1945	acabó	la II Guerra Mundial.
Em 1945	terminou	a Segunda Guerra Mundial.

17.2 Oração interrogativa A1

💡 Em espanhol, a interrogação começa com um sinal de interrogação invertido: ¿Hablas español? (Você fala espanhol?). Uma vez que o sujeito em espanhol frequentemente não é usado, normalmente uma pergunta só pode ser reconhecida pela entonação.

17.2.1 Interrogação em sentido pleno A1

❶ A interrogação em sentido pleno é construída sem pronome interrogativo. Normalmente, é empregada para fazer saber se algo aconteceu ou não. É respondida com sí (sim) ou no (não). ⚡ Na interrogação invertida, o verbo é inserido antes do sujeito, mas também pode-se manter a posição dos termos da sentença afirmativa (sujeito antes do verbo). Muitas vezes, o sujeito desaparece.

- Verbo + sujeito (interrogação invertida)
  ¿Ha llegado el profesor? (O professor chegou?)
- Sujeito + verbo (interrogação invertida com sujeito no início):
  ¿El profesor ha llegado? (O professor chegou?)

- Verbo (pergunta mediante entonação sem sujeito):
  ¿Ha llegado? (Chegou?)

17.2.2 Interrogação parcial

☼ A interrogação parcial refere-se apenas a uma parte da oração e contém sempre um pronome interrogativo. Diferentemente do que ocorre na interrogação em sentido pleno, normalmente o verbo é introduzido antes do sujeito:

Pronome interrogativo + verbo + sujeito:
¿Cuánto cuesta el kilo? (Quanto custa o quilo?)

❶ Em alguns países latino-americanos, na interrogação parcial, o sujeito é inserido antes do verbo:
¿De dónde tú eres? (De onde você é?)

☼ Em interrogações indiretas, o sujeito da oração auxiliar na maioria das vezes aparece após o verbo:
José pregunta que dónde está María. (José pergunta onde está María.)

Alguns pronomes interrogativos importantes:

qué	o que, que, quê
A2 quién/-es	quem
cuál/-es	qual/is
dónde	onde
cuándo	quando
cómo	como

De un vistazo

Olhando de perto 🔍

Preposições

☼ Preposições são termos invariáveis. Com elas, é possível indicar relações temporais ou de lugar entre pessoas e objetos.

⚡ Deve-se atentar especialmente às preposições por, para, a e en:

- Causa: El presidente no vendrá **por** su enfermedad. (O presidente não virá **por** sua doença.)
- Finalidade: Ella ha traído cosas **para** los niños. (Ela trouxe coisas **para** as crianças.)
- Direção: Vamos **a** la ciudad. (Vamos **à** cidade.)
- Lugar: Estamos **en** la ciudad. (Estamos **na** cidade.)

Conjunções

As conjunções também são invariáveis. Elas atuam ligando uma ou várias frases em um conjunto. As conjunções subordinativas a seguir ligam frases ou expressões iguais.

Estoy invitado **pero** no voy a ir. (Estou convidado, **mas** não vou.)

Conjunções subordinativas aparecem em orações subordinadas:

Creo **que** va a llover. (Acho **que** vai chover.)

Outras conjunções:
- temporais:
  Cuando vienes, me alegro mucho. (Quando você vem, eu fico muito feliz.)

- causais:
  No puedo asistir **porque** no tengo tiempo. (Não posso assistir porque não tenho tempo.)
- de fim:
  Toma esto **para que** te protejas. (Tome isto para se proteger.)
- concessivas:
  Aunque estudie mucho no pasaré el examen. (Ainda que estude muito, não vou passar na prova.)
- condicionais:
  Si vienes, te muestro mi casa. (Se você vier, eu lhe mostro minha casa.)

A posição dos termos na oração

☼ Normalmente, a sucessão dos termos na oração é sujeito-verbo-objeto (S-V-O):
Salomé estudia alemán. (Salomé estuda alemão.)

Oração interrogativa

Em espanhol, a interrogação começa com um sinal de interrogação invertido: ¿Hablas español? (Você fala espanhol?). A interrogação em sentido pleno não contém pronome interrogativo e é respondida com sí ou no.

- Interrogação invertida:
  ¿Ha llegado el profesor? (O professor chegou?)
- Interrogação por entonação:
  ¿El profesor ha llegado? (O professor chegou?)
- Interrogação por entonação, sem sujeito:
  ¿Ha llegado? (Chegou?)

A pergunta parcial contém sempre um pronome interrogativo: ¿Cuánto cuesta la botella? (Quando custa a garrafa?)

La negación

18 Negação

18.1 Negação simples

💡 A negação simples é formada com no (não).
¿Vas a ir a la fiesta? – **No**, ya tengo otra invitación.
(Você vai à festa? – Não, já tenho outro convite.)

⚡ No vem sempre antes do verbo conjugado ou antes do verbo auxiliar em tempos compostos:
No he podido visitar a Luis en el hospital. (Não pude visitar Luis no hospital.)

Também é usado antes de pronomes objetos diretos átonos:
Perdone usted. **No** lo había visto. (Perdoe-me. Eu não o tinha visto.)

18.2 Dupla negação

Em espanhol, juntamente com no existem algumas palavras com as quais é possível negar um enunciado.
💡 O uso desses advérbios, conjunções e pronomes indefinidos normalmente exige dupla negação.

ni	nem	ni siquiera	nem sequer
ni … ni	nem … nem	nadie	ninguém
nunca	nunca	ningún,	nenhum
no … todavía	ainda não	ninguno/-a	ninguém
nada	nada	tampoco	tampouco

Negação

☀ Quando uma palavra negativa vem depois de um verbo, antes do verbo insere-se também um no:
No he hablado **nunca** con ellos. (Eu nunca falei com eles.)
No ha venido **ninguno** de ellos. (Nenhum deles veio.)

Se a palavra que expressa negação está no início da oração, o no não deve ser inserido antes do verbo:
Nunca he hablado con ellos. (Nunca falei com eles.)
Ninguno de ellos ha venido. (Nenhum deles veio.)

19) Discurso indireto B1

☼ Normalmente, o discurso indireto é formado por uma oração subordinada introduzida pelos verbos decir (dizer), responder (responder) etc.

⚡ Em espanhol, no discurso indireto não se emprega o subjuntivo, mas o indicativo:

Discurso direto	Discurso indireto
Manuel dice: "Quiero estudiar Matemáticas".	Manuel dice que quiere estudiar Matemáticas.
Manuel diz: "Quero estudar matemática".	Manuel diz que quer estudar matemática.

⚡ A conjunção que não pode ser omitida.

A sucessão temporal no discurso indireto

☼ No discurso indireto, é o verbo que, na oração principal, determina a sucessão temporal. Se o verbo da oração principal estiver no presente, no perfeito, no futuro imperfeito ou no condicional, mantém-se o tempo da oração original na oração condicional:

Discurso direto	Discurso indireto
Manuel dice/ha dicho/dirá/diría:	Manuel dice/ha dicho/dirá/diría
"Viajo mucho." ➝	que viaja mucho.
"He viajado mucho." ➝	que ha viajado mucho.
"Viajaba mucho." ➝	que viajaba mucho.
"Viajé mucho." ➝	que viajó mucho.
"Viajaré mucho." ➝	que viajará mucho.
"Viajaría mucho." ➝	que viajaría mucho.

> Discurso indireto

☼ Se na oração principal o verbo estiver no imperfeito, no indefinido ou no mais-que-perfeito, na oração principal se mantém o imperfeito, o indefinido, o condicional e o mais-que-perfeito. Os demais tempos alteram-se como segue:

presente	→	imperfeito
perfeito	→	mais-que-perfeito
indefinido	→	indefinido/mais-que-perfeito
futuro imperfeito	→	condicional

Discurso direto	Discurso indireto
Manuel decía/dijo/había dicho:	Manuel decía/dijo/había dicho
"Viajo mucho." →	que viajaba mucho.
"He viajado mucho." →	que había viajado mucho.
"Viajaba mucho." →	que viajaba mucho.
"Viajé mucho." →	que viajó/había viajado mucho.
"Viajaré mucho." →	que viajaría mucho.
"Viajaría mucho." →	que viajaría mucho.

⚡ Em ordens indiretas, deve-se atentar para que as formas imperativas estejam no discurso indireto no subjuntivo:

Discurso direto	Discurso indireto
"¡Friega los vasos!" →	Dice que friegue los vasos.
"Lave os copos!"	Diz que devo lavar os copos.

☼ Se, no discurso indireto, a oração principal estiver no indefinido, no imperfeito ou no mais-que-perfeito, empregar-se-á o imperfeito do subjuntivo:

Discurso direto	Discurso indireto
"¡Cerrad la puerta!" →	Dijo que cerráramos la puerta.
"Feche a porta!"	Ele disse que fechássemos a porta.

Testes

1) Artigo
Insira o artigo correto: los (3x), la (3x), el (2x), las

a. ………… señor Pérez no está en ………… oficina.

b. ………… gente de América Latina es más alegre.

c. ………… chica alemana tiene ………… ojos azules.

d. ………… problema es que no tengo dinero.

e. No me gustan mucho ………… calamares, prefiero

  ………… gambas.

f. No me interesan ………… coches.

2) Substantivo
Quais são as formas plurais e singulares dos substantivos a seguir? Atente para as acentuações.

a. la plaza   ………………………………

b. la canción   ………………………………

c. la ciudad   ………………………………

d. el color   ………………………………

e. las bicicletas ………………………………

f. las veces   ………………………………

g. los días   ………………………………

h. las acciones   ………………………………

Testes

A1 ③ **Adjetivo**
Complete com a forma correta do adjetivo.

a. ¿Dónde has puesto mi blusa (negro) .... y mis zapatillas (blanco) ....?

b. Estas revistas (alemán) .... tienen (bueno) .... artículos.

c. Estas vacaciones son muy (agradable) ....

B1 d. Esta es la (mejor) .... noticia que he escuchado en los (último) .... días.

B1 e. Me parecen (aburrido) .... las clases de español.

A2 ④ **Advérbio**
Escolha entre advérbio e adjetivo.

a. A mi Papá le gustan .... las gambas. (muy/mucho)

b. Carlos, ¿estás contento con el hotel?
Sí, ... (muy/mucho)

c. Es un hotel .... bueno. (mucho/muy)

d. Tengo .... películas buenas en casa. (mucho/muchas/muy)

e. Carlos canta muy .... (bueno/bien/buen)

f. Es un .... músico. (bueno/buen/bien)

g. Mi nuevo trabajo está .... cerca de aquí. (muy/mucho/mucha)

h. ¿Y tú? ¿Cómo te sientes? – Me siento .... bien. (mucho/bastante/muy)

i. Pues no .... bien. Estoy enfermo. (mucho/muy)

5 Comparação

Complete as sentenças com as palavras a seguir, compondo uma comparação: muy – la más – más – dificilísimo – que – la que – rapidísimamente – amablemente

a. La historia es una asignatura .... importante.

b. Este coche gasta .... gasolina que el tuyo.

c. Estos mangos están mejores .... aquellos.

d. Ella no me respondió ....

e. Este ejercicio es ....

f. José habla .... No le entiendo nada.

g. Carmen es .... guapa de la clase.

h. Juana es .... más sabe de informática.

6 Pronome

A2

Insira os pronomes corretos: la (2x), yo, ella, tú, te (5x), le, se (2x), usted, los, lo (2x)

a. .... es una chica muy inteligente. ¿........... conoces?

b. .... soy español, y ...., ¿de dónde eres?

c. Buenos días, Sra. Martínez, ¿cómo está ....?

d. El vino .... hemos comprado en la bodega. ¿Quieres probar..........?

e. ¿Ya .... has dado los regalos a los niños?

f. Sí, ya .... he dado. .... han alegrado mucho.

g. ¿Quieres ir.......... ya? ¡No .... vayas todavía! Es que quiero decir.......... algo.

h. Oye, la falda está preciosa. .... queda estupenda. ¡Cómpra...................... !

7 Verbo
Complete as sentenças com a forma verbal correta.

a. Ella (hablar) .... italiano y también (entender) .... francés.

b. Yo no (tener) .... que trabajar hoy.

c. Yo no (saber) .... jugar al tenis, pero mi novio (jugar) .... muy bien.

d. ¿Adónde (ir) .... a ir esta noche?

e. Tú (estudiar) .... inglés, ¿verdad?

f. Y ustedes ¿cuándo (volver) ....?

g. Nosotros (volver) .... en agosto.

h. Oye, ¿tú (saber) .... cuándo (empezar) .... la clase?

Testes

8 Indicativo A1
Introduza a forma verbal correta do indicativo considerando o tempo entre parênteses.

a. ¿A qué hora (terminar) .... la película? *(presente)*

b. Hoy (empezar) .... con la primera lección. *(perfeito)*

c. Aún no (volver) .... los chicos. *(perfeito)*

d. El otro día me (encontrarse) .... con Juán en la calle. *(indefinido)*

e. Mi abuelo (ser) .... muy trabajador y siempre (hacer) .... algo. *(imperfeito)* A2

f. Oye, ¿(escuchar) .... lo que (decir) .... él? *(indefinido)* A2

g. Mañana (ir) .... a ver a mi tía. ¿Me prometes que no (decir) .... nada? *(futuro imperfeito)* B1

9 Subjuntivo
Traduza a expressão entre parênteses com o subjuntivo ou o indicativo.

a. El profesor cree que *(eu sou do México)* ....

b. Ella quiere que *(nós vamos com ela)* ....

B1 c. Me alegro de que *(você tenha vindo)* ....
....

d. Creo que *(você não tenha entendido)* ....
....

e. Es posible que *(saiamos hoje)* ....
....

f. Necesito urgentemente una secretaria que

(saiba inglês) ....
....

B2 g. Me alegraría mucho si *(você pudesse vir)* ....
....

B2 h. Carmen no quería que *(disséssemos nada)* ....
....

10 Imperativo
Insira as formas infinitivas no imperativo para a 2ª e a 3ª pessoa do singular.

		tú	usted
a.	tomar mucha agua	....	....
b.	dormir mucho	....	....
c.	abrir la ventana	....	....
d.	hablar despacio	....	....
e.	poner la radio	....	....

Testes

f. venir mañana ....

g. hacer deporte ....

h. ir de vacaciones ....

11 Infinitivo
Como é o infinitivo das formas verbais em destaque?

a. Me voy a casa. ....

b. ¿A qué hora sales de la oficina? ....

c. ¿Cuándo vuelven los niños? ....

d. Póngame un kilo de tomates, por favor. ....

e. Dame tu número de teléfono, por favor. ....

f. No sé de dónde es ella. ....

g. ¿Vienes a la fiesta? ....

h. ¿Has hecho los deberes? ....

12 Particípio
Insira as formas do infinitivo no particípio perfeito.

a. Han (cerrar) .... la puerta.

b. Las ventanas están (abrir) ....

c. Perdona, yo he (romper) .... el vaso.

d. Las dos bicis están (romper) ....

e. Ya hemos (hacer) .... el trabajo.

f. ¿Todavía no has (ver) .... esa película?

g. ¡A comer! La mesa está (poner) ....

h. A ver, ¿dónde has (poner) .... mis cosas?

B1 **13 Gerúndio**
Complete as sentenças com o gerúndio dos verbos entre parênteses.

a. Los chicos están (jugar) .... en la playa.

b. ¿Todavía sigues (aprender) .... español?

c. ¿Qué estáis (hacer) ....?

d. Llevamos dos años (construir) .... esta casa.

B2 **14 Voz passiva**
Encontre os erros e reescreva as sentenças.

a. La casa no ha se vendido todavía.

....

b. El libro fue escrito de Cervantes.

....

c. Los regalos sido envueltos por la señorita.

....

d. Esta película ha sido visto por mucha gente.

....

e. Han agotado las entradas.

....

Testes

f. La paella es preparado con arroz.

....

g. Esas bebidas se vende muy bien.

....

15 Preposição
Complete as sentenças com a preposição correta.

a. ¿Has estado alguna vez .... Caracas? (en/a)

b. Este fin de semana vamos .... teatro. (al/en el)

c. Yo voy al trabajo .... coche. (con/en)

d. Yo vivo .... Madrid. (a/en)

e. Gracias .... el café. (para/por)

f. Estos libros son .... profesor. (del/de el)

g. Ellos aprenden español .... dos años. (desde/hace/desde hace) **A2**

h. Él trabaja solo .... dinero. (para/por) **A2**

16 Conjunções **A1**
Ligue as partes das sentenças.

a. ¿Quieres una cerveza   pero es muy cara.
b. Me gustaría ir a la ópera   o prefieres vino?
c. A mí me gustan los gatos,   porque hace frío.
d. No vamos a España   e inglés?
e. No hemos ido al parque   pero no los perros.
f. ¿Tú hablas alemán   sino a Cuba.

A1 ⓱ Posição dos termos na oração
Ponha os termos na sequência correta.

a. ¿Cómo él se llama?

....

b. Ella alemana es y estudia ella español aquí porque ella viaja mucho a España.

....

c. ¿Me puede decir cuánto el plato cuesta?

....

d. Perdone, ¿usted sabe cómo esto funciona?

....

e. Las bebidas compro las yo y tú compras el pan.

....

A1 ⓲ Negação
Ordene os termos abaixo para formar uma sentença.

a. he / Yo / viajado / no / este año

....

b. En / nunca / casi / Alemania / sol / hace

....

c. ¿Venezuela / Has / estado / nunca / en?

....

d. he / nada / No / dormido

....

e. No / ningún / tocar / sé / instrumento

....

f. ¿Por qué / tomas / algo / no?

....

g. no / Ya / deporte / hago

....

19 Discurso indireto
Complete as sentenças a seguir com a forma verbal correta.

a. Carlos me preguntó si .... (tenía/he tenido) dinero para prestarle.

b. El profesor dijo que .... (hagamos/hiciéramos) estos ejercicios.

c. Teresa dijo que .... (apagues/apagaras) la radio.

d. El jefe me pidió que le .... (llamaría/llamara) a las siete.

e. Oye, Ana quería saber si le .... (habría /había llamado) alguien mientras estuvo fuera.

Respostas

1. Artigo
a. El señor Pérez no está en la oficina.
b. La gente de América Latina es más alegre.
c. La chica alemana tiene los ojos azules.
d. El problema es que no tengo dinero.
e. No me gustan mucho los calamares, prefiero las gambas.
f. No me interesan los coches.

2. Substantivo
a. las plazas, b. las canciones, c. las ciudades, d. los colores, e. la bicicleta, f. la vez, g. el día, h. la acción

3. Adjetivo
a. ¿Dónde has puesto mi blusa negra y mis zapatillas blancas?
b. Estas revistas alemanas tienen buenos artículos.
c. Estas vacaciones son muy agradables.
d. Esta es la mejor noticia que he escuchado en los últimos días.
e. Me parecen aburridas las clases de español.

4. Advérbio
a. A mi Papá le gustan mucho las gambas.
b. Carlos, ¿estás contento con el hotel? Sí, mucho.
c. Es un hotel muy bueno.
d. Tengo muchas películas buenas en casa.
e. Carlos canta muy bien.
f. Es un buen músico.
g. Mi nuevo trabajo está muy cerca de aquí.
h. ¿Y tú? ¿Cómo te sientes? – Me siento muy bien.
i. Pues no muy bien. Estoy enfermo.

5. Comparação
a. La historia es una asignatura muy importante.
b. Este coche gasta más gasolina que el tuyo.
c. Estos mangos están mejores que aquellos.
d. Ella no me respondió amablemente.
e. Este ejercicio es dificilísimo.
f. José habla rapidísimamente. No le entiendo nada.
g. Carmen es la más guapa de la clase.
h. Juana es la que más sabe de informática.

6. Pronome
a. Ella es una chica muy inteligente. ¿La conoces?
b. Yo soy español, y tú, ¿de dónde eres?
c. Buenos días, Sra. Martínez, ¿cómo está usted?
d. El vino lo hemos comprado en la bodega. ¿Quieres probarlo?
e. ¿Ya le has dado los regalos a los niños?
f. Sí, ya se los he dado. Se han alegrado mucho.
g. ¿Quieres irte ya? ¡No te vayas todavía! Es que quiero decirte algo.
h. Oye, la falda está preciosa. Te queda estupenda. ¡Cómpratela!

7. Verbo
a. Ella habla italiano y también entiende francés.

Respostas

b. Yo no tengo que trabajar hoy.
c. Yo no sé jugar al tenis, pero mi novio juega muy bien.
d. ¿Adónde vais a ir esta noche?
e. Tú estudias inglés, ¿verdad?
f. Y ustedes ¿cuándo vuelven?
g. Nosotros volvemos en agosto.
h. Oye, ¿tú sabes cuándo empieza la clase?

8. Indicativo

a. ¿A qué hora termina la película?
b. Hoy hemos empezado con la primera lección.
c. Aún no han vuelto los chicos.
d. El otro día me encontré con Juán en la calle.
e. Mi abuelo era muy trabajador y siempre hacía algo.
f. Oye, ¿escuchaste lo que dijo él?
g. Mañana iremos a ver a mi tía. ¿Me prometes que no dirás nada?

9. Subjuntivo

a. El profesor cree que soy de México.
b. Ella quiere que vayamos con ella.
c. Me alegro de que hayas venido.
d. Creo que no entiendes nada.
e. Es posible que salgamos hoy.
f. Necesito urgentemente una secretaria que sepa inglés.
g. Me alegraría mucho si pudieras venir.
h. Carmen no quería que dijeramos nada.

10. Imperativo

a. toma, tome
b. duerme, duerma
c. abre, abra
d. habla, hable
e. pon, ponga
f. ven, venga
g. haz, haga
h. ve, vaya

11. Infinitivo

a. ir, b. salir, c. volver, d. poner, e. dar, f. saber, g. venir, h. hacer

12. Particípio

a. Han cerrado la puerta.
b. Las ventanas están abiertas.
c. Perdona, yo he roto el vaso.
d. Las dos bicis están rotas.
e. Ya hemos hecho el trabajo.
f. ¿Todavía no has visto esa película?
g. ¡A comer! La mesa está puesta.
h. A ver, ¿dónde has puesto mis cosas?

13. Gerúndio

a. Los chicos están jugando en la playa.
b. ¿Todavía sigues aprendiendo español?
c. ¿Qué estáis haciendo?
d. Llevamos dos años construyendo esta casa.

14. Voz passiva

a. La casa no se ha vendido todavía.
b. El libro fue escrito por Cervantes.
c. Los regalos han sido envueltos por la señorita.
d. Esta película ha sido vista por mucha gente.
e. Se han agotado las entradas.
f. La paella es preparada con arroz.
g. Estas bebidas se venden muy bien.

15. Preposição

a. ¿Has estado alguna vez en Caracas?
b. Este fin de semana vamos al teatro.

Respostas

c. Yo voy al trabajo en coche.
d. Yo vivo en Madrid.
e. Gracias por el café.
f. Estos libros son del profesor.
g. Ellos aprenden español desde hace dos años.
h. Él trabaja solo por dinero.

16. Conjunção
a. ¿Quieres una cerveza o prefieres vino?
b. Me gustaría ir a la ópera pero es muy cara.
c. A mí me gustan los gatos, pero no los perros.
d. No vamos a España sino a Cuba.
e. No hemos ido al parque porque hace frío.
f. ¿Tú hablas alemán e inglés?

17. Posição dos termos na oração
a. ¿Cómo se llama él?
b. Ella es alemana y ella estudia español aquí porque ella viaja mucho a España.
c. ¿Me puede decir cuánto cuesta el plato?
d. Perdone, ¿sabe usted cómo funciona esto?
e. Las bebidas las compro yo y tú compras el pan.

18. Negação
a. Yo no he viajado este año.
b. En Alemania casi nunca hace sol.
c. ¿Nunca has estado en Venezuela?
d. No he dormido nada.
e. No sé tocar ningún instrumento.
f. ¿Por qué no tomas algo?
g. Ya no hago deporte.

19. Discurso indireto
a. Carlos me preguntó si tenía dinero para prestarle.
b. El profesor dijo que hiciéramos estos ejercicios.
c. Teresa dijo que apagaras la radio.
d. El jefe me pidió que le llamara a las siete.
e. Oye, Ana quería saber si le había llamado alguien mientras estuvo fuera.

Respostas dos testes de nível

Aqui, juntamente com a avaliação de seus resultados, você terá recomendações para melhorar seus conhecimentos da língua.

Respostas A1

1. Artigo
a. ✓ Los lunes voy a nadar.
b. ✗ : correção: Voy a México en marzo.
c. ✓ El señor Marín no está en la oficina.

2. Substantivo
a. cafés
b. papeles
c. flores

3. Adjetivo
a. Este es mi hijo menor.
b. Me regalaron una camisa y un pantalón azules.
c. Esas revistas son muy caras.

4. Pronome pessoal
a. A mí no me gustan los huevos.
b. ¿Me ha llamado alguien a mí?
c. Os lo regalaré para vuestro cumpleaños.

5. Os verbos ser/estar/hay
a. Las hojas están encima de la mesa.
b. En el frigorífico no hay fruta.
c. La puerta es de cristal.

6. Presente
a. ¿Cómo se llama tu padre?
b. ¿(Tú) sabes hablar chino?
c. Mi hija tiene veintiún años.

Recomendações

1–6 pontos: Seu conhecimento ainda é básico e muito frágil. O melhor a fazer é debruçar-se mais uma vez sobre o estágio A1.

7–12 pontos: Muito bem! Você já tem bons conhecimentos esperados para o nível A1, mas ainda apresenta alguns pontos fracos. Revise alguns temas.

13–18 pontos: Excelente! Você tem sólidos conhecimentos do estágio A1 e pode passar ao nível A2.

Respostas A2

1. Substantivo
a. ✗ correção: ¿Has apagado las luces?
b. ✗ correção: Los viernes voy a la piscina.
c. ✓ Me gustan mucho los jerseys de lana.

2. Comparação
a. Él habla menos idiomas que su mujer./Su mujer habla más idiomas que él.
b. La revista cuesta más que el periódico./La revista es más cara que el periódico.

3. Pronome pessoal
a. Sí, ella ha venido conmigo.
b. Sí, se los he llevado.

4. Advérbio
a. Ese viaje es muy caro.
b. Estoy cansado porque he trabajado mucho.
c. No he estado nunca en América Latina.

5. Indefinido
a. Anoche tú no cenaste en casa.
b. ¿A qué hora volvisteis vosotras del cine?
c. El año pasado nosotros estuvimos en Perú.

6. Perfeito, indefinido ou imperfeito?
a. De pequeña iba a menudo al campo.
b. Ayer me quedé en casa todo el día.
c. Este año hemos visitado dos veces a nuestra familia.

Recomendações

1–6 pontos: Você ainda está no início do nível A2 e deve revisar os temas aprofundadamente.

7–12 pontos: Você está indo bem! Seus conhecimentos do nível A2 já vão de vento em popa! Antes de iniciar o B1, é bom revisar alguns temas.

13–16 pontos: Excelente! Você apresenta um conhecimento seguro dos temas gramaticais do nível A2 e pode passar ao nível B1.

Respostas dos testes de nível

Respostas B1

1. Pronome relativo
a. Estos son los señores con quienes he hablado.
b. Los que quieran, pueden entrar ya.
c. La casa cuyo salón me gusta es muy cara.

2. Indefinido
a. ¿Oíste algo de lo que decían?
b. No trajimos los CD porque se nos olvidaron.
c. Ayer almorcé en el bar.

3. Presente do subjuntivo
a. No, no creo que esté en casa.
b. No, no creo que mañana hablemos con el jefe.
c. No, no creo que venga a la fiesta.

4. Imperativo
a. ✘ correção: Vengan conmigo, por favor.
b. ✘ correção: No se lo preguntes a él.
c. ✓ ¡No llegues tarde!

5. Objeto direto
a. ¿Has visto a la secretaria?
b. Se busca secretaria bilingüe.
c. ¿Has encontrado algo interesante?

6. Conjunção causal ou temporal
a. Llama a la puerta antes de entrar.
b. No he salido pues hace frío.
c. Esperé hasta que me avisaron.

Recomendações

1–6 pontos: Revise todos os temas relevantes do nível B1 mais uma vez.

7–12 pontos: Muito bem! Você já tem alguns conhecimentos do nível B1, mas deve aperfeiçoá-los revisando os temas que ainda não domina.

13–18 pontos: Excelente! Você realmente conhece os temas do nível B1 e pode passar ao B2.

Respostas B2

🖋 1. Adjetivo
a. No ha estudiado y ahora es un triste empleado.
b. Esa es una gran noticia. Me alegro mucho.
c. No había casi nadie y al final no quedó más que un solo oyente.

🖋 2. Subjuntivo
a. Te deseo que tengas suerte en tu próximo viaje.
b. Me extraña que ella no pusiera/pusiese la calefacción con el frío que hacía anoche.
c. Es raro que el tren no haya llegado aún, ya tenía que estar aquí hace rato.

🖋 3. Subjuntivo em orações subordinadas
a. ✗ correção: Nos encanta ir al cine.
b. ✗ correção: Es evidente que no sabe qué hacer.
c. ✓ Ha dicho que vuelvas pronto.

🖋 4. Subjuntivo em sentença temporal
a. Me acostaré en cuanto termine de cenar.
b. Te lo conté cuando me enteré.

🖋 5. Subjuntivo em sentença condicional
a. Os lo cuento con tal de que no digáis nada.
b. Habría hecho un viaje si no hubiera/hubiese tenido que trabajar.
c. Llámame en caso de que necesites algo.

🖋 6. Subjuntivo em sentença relativa
a. Conozco un dentista que es muy bueno.
b. No hay nadie que sepa más de música.
c. Estoy buscando un hotel que sea muy barato.

Recomendações

1–6 pontos: Ainda não é o suficiente para o nível B2. Você deve trabalhar os temas importantes deste nível mais uma vez e de maneira profunda.

7–12 pontos: Você está indo bem! Está quase dominando o nível B2. Apenas revise mais uma vez alguns temas.

13–17 pontos: Excelente! Você comprovou ter conhecimentos do nível A1 até o B2.